數學教學多元表徵

值得玩味再三的數學教材教法

許建銘　著

五南圖書出版公司 印行

# 序言

課堂上有學生問我的年齡？我回答：「四十。」學生笑了笑，我也笑了笑。「老師真的只有四十歲嗎？」下課學生跑來問，我說：「課堂上講的年齡是現在實際年齡與剛出來教書時年齡的平均數。」我並不是隨便說說的，這是教育觀經過長年省思、轉變，發自內心深處的聲音。事實上直到退休以前，我投入教學的熱度跟剛出來教書時不只絲毫不減，還隨著年歲漸長而增溫。

我認為一個國中數學老師，不論你實際年齡多少，如果不能以年輕、歡喜、真誠、熱情的心面對教學，或許可以考慮一下自己適不適合走教職這條路。講得更坦白點，從我開始懂得數學教育是一門「尊重思考」的教育時，只要踏進教室，拿起教材侃侃而談，總覺得自己和那些國中生一樣，只有十幾歲。不論面對的是常態班、資優班，還是升學班、一般班、放牛班，我一心只想透過通俗、平實的觀點，盡可能展現親和力地與他們討論、分享數學知識的美好。

現今臺灣的國民中學，每班的學生數少則個位數字，多則三、四十。由於學生們來自不同的家庭環境，走過不盡相同的學習歷程，面對形形色色的數學知識，每個人了解的深淺程度、產生的疑惑、陷入的困境，必然有所差異。這種無法改變的現實，使得一位具有教學熱忱，渴盼創造教學績效的老師，心理上承受著或多或少的壓力。當然勇於邊教學、邊揣摩、邊成長，絕對是重中之重，但若能多向有經驗的老師請益，仍不失為增強教學功力的便捷途徑。

一個名副其實的數學名師，除了解題能力的不斷精進鍛鍊，還要培養妥善而多元的表徵能力。數學道理不是「教對」即可，還要「教好」，面對變化多端的教學現場以及各式學習類型的學生，教師要涉獵、儲備更多元而靈活的表現手法，建立課業輔導管道，鼓勵學生有疑必問，放軟身段地傾聽孩子的聲音，才能給予更多學生實質的幫助。

　　我始終認定數學老師只要站上講臺，都是絞盡腦汁地運作自己獨到的教學表徵，就算老師間彼此互有差異，但每位老師皆有其值得學習之處。本書所提及的內容絕對是滄海一粟，有些或許讓人感覺是難登大雅之堂的雕蟲小技，然而筆者學疏才淺，有很多不懂以及需要學習的地方，又本書寫作時間有點匆促，倘有文意表達不夠嚴謹或者表現方式不盡理想之處，敬請各位教育專家、前輩、先進們多給予包容和鼓勵，也期待有機會看到更多老師樂於分享寶貴的教學經驗。

許建銘

Email: sjm339100@gmail.com

目　錄

第一章

數學教學多元表徵的意義

一、教學沒那麼簡單

　　就教學來說，拉開師生距離的最大成因為何？我個人認為不是年齡，也不是智力，而是「教學很簡單」的教學觀念與態度。試想有個老師教了幾十年的書，教過成百上千個學生，但教法數千日如一日，甚至還跟他學生時代的學習經驗一樣。如果是很好或還好的教學法就好，但如果欠妥善，卻又完全不顧學生的反應與感受，對他的學生來說，是多麼不公與不幸的事。

　　教學真的沒那麼簡單，但教師的教學表現想獲得學生肯定，所需具備的基本條件，並沒有想像中困難。因為十之八九的教師，不只具有相當水準的教育專業，且懷有愛心和進取心，只要持續不斷地邊教邊學，虛心地反思教學手段的利弊得失，相信都能成為一位頗受好評的老師。

　　以下是我對於數學教學專業知能的大致檢視原則。

　　最基本是「教的對」：

　　能正確講述數學道理，也就是沒有講錯，解題符合基本的邏輯推算程序，簡單說就是，教學只是完成正確描述數學道理的作為。

　　最重要是「教的好」：

　　能考慮學生個別條件，講解具細膩度，會適度運用教具或實作，教學進度的推展合理、順暢，重視如何增進學生的學習動機、興趣以及有效學習。

　　最高級是「教的巧」：

　　在「教的好」的前提下，主動設計別出心裁的教材或活動，相對於大多數的教學模式，創作出更優質、更深入淺出的教學手法。

二、教學不是單向的自我感覺還好

　　簡單來說，要成為一位優秀的教師，即使別人教不好的，自己也可以教得好；別人教得好的，自己不只可以教得好，有時還想得出辦法來教的巧，

這也是精進教學的原意。若有老師以「調整教材」作為「滿足差異」的手段，例如對於數學低成就的班級，就以較簡易的材料教之，這些未必全然不好，也可能確有其現實考量，但教學主目標不宜輕易或過度窄化或弱化，若能調整教學策略，讓師生皆能與時俱進，結果就更兩全其美了。

　　一個歌手可能要經歷無數次的揣摩與練習，才能站上舞臺，唱出撫慰人心、穿透心靈的歌聲。但對教師來說，可能剛弄懂某道問題的解法，就昂然站上講臺，眉飛色舞地講起如何解題的獨門絕招。數學教學不同於數學解題，同樣的學習材料，在面對不同的學生，自然而然存在「一樣米養百樣人」的學習類型，所以教師必須不時揣摩各式各樣的「教學表徵」，以實質增強教學功力。

三、教學多元表徵的實質意義

　　我第一次清楚了解「多元表徵」在數學教育上所蘊涵的概念，是來自一本 2004 年香港數學教育學會所出版的《數學教育》刊物，它是由當時香港中文大學課程與教學學系黃毅英教授發表的一段內容。

　　書中寫道：多重表象（multiple representations）的提出起碼有兩個原因。比如 $a_n = \dfrac{1}{2^n}$，$n = 1$、2、……，可以用數式 $\dfrac{1}{2}$、$\dfrac{1}{4}$、$\dfrac{1}{8}$……表示，也可以用圖示（如下左圖）或圖表（如下右圖）顯示，甚至用公孫龍子的名句「一尺之棰，日取其半，萬世不竭。」的文意去引入。

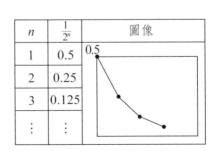

　　由書中這段舉例及說明，可了解「多重表象」或「多元表徵」即是多元表達、描述、表現之意，也就是五花八門的表現形式，像講述、畫圖、語文、表格、動畫、教具、表演、動作、色彩……教師運用包羅萬象的溝通形式，與形形色色的學生進行教學對話，這就是教學「多元表徵」的實質意義。它的存在主要是期許教學者要妥善運用「教學表徵」，使得教材教法可以適應更多人的學習性向，也可以藉此強化一些學習者內在表象的結構。所以教學「多元表徵」的要求標準應該比一般的口說或圖示來得高，表現手法必須考慮多元與踏實。

四、教學多元表徵不只可以自轉，還可以公轉

　　教學「多元表徵」的提出與瑞士心理學家皮亞傑（Jean Piaget, 1896-1980）的「認知發展論」是不謀而合的。因為中小學生正處於「具體運思期」與「形式運思期」青黃交接、青黃不接或青黃混接的階段，於是「有人學得快，有人學得慢」，或「有人學得好，有人學得差」，或「有人事半功倍，有人事倍功半」，或「有人聞一知十，有人聞十知一」，這些差異現象是非常普遍而自然的事。以「多元表徵」作為教學策略的著眼點，主要不是在討論到底有多少種表徵方式，而是希望教學者如何參考與運用更細膩、周全的表現手法，幫助更多學生形成概念、強化理解、增進記憶或印象。

　　為了方便之後說明我在教學經驗中的示例，以下特別以粗枝大葉的觀點，將數學教學「多元表徵」分成六種形式。而下頁圖示除了顯示每種表徵可以進行自身的形式轉換外，也顯示不同的表徵間可以進行充滿無窮想像的轉換，其終極價值就是為了滿足學生的個別差異。透過教學者柔軟與細緻的心念和作為，讓表徵更不拘泥於僵固形式，帶動課堂上充滿正能量的學習氛圍。

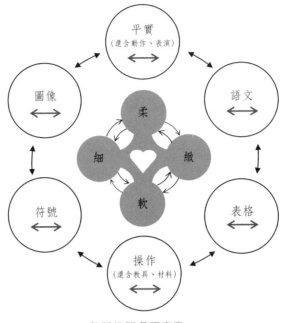

數學教學多元表徵

五、點亮一盞明燈或是吹皺一池春水

　　舉凡人類眼中所見、心中所思的事物，有真實的，有虛擬的；有自然的，有人為的，雖然本質只有一個，但無論哪一種，它們必有一個「存在」形式。對於任何一種「存在」，每個人接收、解讀到的訊息、感覺會有差異性，也使得在傳達與表徵這個「存在」時，表裡也隨之呈現多樣性。換個簡單的方式來說，就是事物呈現了它的表象，看事物的人也看到了這個事物的表象，這些表象豐富了人們的思考與想像空間。

　　數學道理幾乎由數學符號、文字、式子、圖表及邏輯關係等組成，它們與多數中小學生的日常生活，關係似乎頗為疏遠，僅用數學定義、邏輯推算做說明，不見得能產生良好的溝通。多元教學表徵的價值就是教學者設法創作親近學習者的表現方式，點亮這些數學材料的生命，以幫助他們更輕鬆的理解道理。

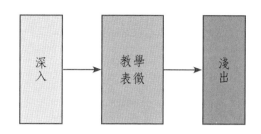

我們常用「深入淺出」表示以淺顯易懂的語言文字,表達深刻的道理,但真正要「淺出」,就得加上一層更簡易、淺顯、不一樣的表徵進行轉換。以下是教師運作多元「教學表徵」時,應有的基本觀念:

(一)教學表徵的運作必須以試圖提高學習者的學習成效、動機或興趣為目的。

(二)教學表徵的設想宜貼近材料本質,必須考慮是否操作過度或偏離主題。

(三)再好的教學表徵也未必適用所有學習環境,其成效受到許許多多的條件因素影響,以致產生差異性。

(四)教學表徵是為了解決問題而生,宜避免衍生其他問題。

六、教師一小步可能是學生一大步

從數學學習的觀點來看,適切的教學表徵至少應滿足以下其一條件:

(一)提升學習動機或興趣。

(二)加深印象或記憶。

(三)幫助理解或融會貫通。

(四)增強推算能力。

(五)涵養美感。

七、有樣學樣,沒樣自己想

就實務面來說,數學多元的「教學表徵」大多不是單一形式的,它可能是「多式交疊」並用的;也就是說,「分類」絕不是教學者要特別關注的點,真正值得投入心思的,是如何敞開心胸包容、設想、創作各種教學表徵,以精進教學手段。以下將以一些國中數學科教師教學經驗中常遇到的材料,既

呈現問題解法，也呈現教學說明，一方面是讓各位更加了解數學教學「多元表徵」的真義，也提醒教學者解法不等同於教法，解法與教法齊頭並進，才能實質提升教師的教學功力。

（一）圖像式的教學表徵

示例

　　一群學生投宿一間飯店，如果一間房間住 7 個人，就有 5 個人沒有房間住；如果每間房間住 9 個人，就會空出一間房間，請問共有多少間房間？多少個學生？

解答

設共有房間 x 間

$7x + 5 = 9(x - 1) \Rightarrow 7x + 5 = 9x - 9$

$\Rightarrow 7x - 9x = -9 - 5 \Rightarrow -2x = -14 \Rightarrow x = 7$

$7x + 5 = 7 \times 7 + 5 = 49 + 5 = 54$

故共有 7 間房間，54 個學生。

說明

　　像這個大家非常純熟的住宿問題，如果可以在課本上增加個附圖，或是教師講解時在黑板和教材上畫出如下的圖，然後帶領學生填入圖中空格內的代表數與已知數，就有助於強化學生理解題意，更快找出問題的解決之道，這個圖示就是輔助理解題意以及正確列出方程式的一種教學表徵。

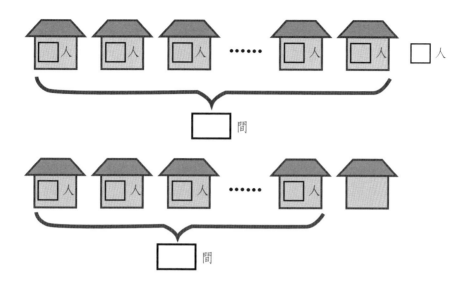

示例

假設地球北半球與南半球的地表面積相等，而且北半球中陸地與海洋的面積比為 3：5，南半球中陸地與海洋的面積比為 1：7，請問地球表面陸地與海洋面積的比值為何？

解答

令地球總地表面積為 1，則北半球與南半球的地表面積皆為 $\frac{1}{2}$

北半球陸地面積為 $\frac{1}{2} \times \frac{3}{8} = \frac{3}{16}$；南半球陸地面積為 $\frac{1}{2} \times \frac{1}{8} = \frac{1}{16}$

所以地球表面的陸地面積為 $\frac{3}{16} + \frac{1}{16} = \frac{4}{16} = \frac{1}{4}$

地球表面的海洋面積為 $1 - \frac{1}{4} = \frac{3}{4}$

因為 $\frac{1}{4} : \frac{3}{4} = 1 : 3$，故地球表面的陸地與海洋面積的比值為 $\frac{1}{3}$。

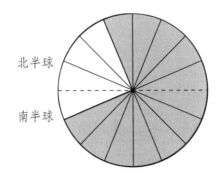

說明

　　這個地球表面陸地與海洋面積比的問題，大多數數學書籍會呈現如上的圓面積圖示，藉以增進學生了解北半球與南半球的面積比例關係，這份用心當然值得稱許。

　　只是就事實而論，地球的全部表面無論怎麼看都不會只有一個圓形，僅用一個圓面積來表示其表面積，會不會誤導學生對地球的真實全貌產生錯誤概念。若能從「視圖」的觀點，使用如下兩個等圓的面積，或者使用球體的展開圖（以此問題的條件來說，甚至不用計算，由圖示就可看出答案），應該會更接近事實且富有創意。

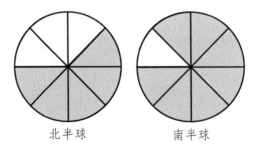

北半球　　　　　　南半球

$$\frac{3}{8} \times \frac{1}{2} = \frac{3}{16} \text{（北半球陸地）} \qquad \frac{1}{2} - \frac{3}{16} = \frac{5}{16} \text{（北半球海洋）}$$

北半球

赤道

南半球

$$\frac{1}{2} - \frac{1}{16} = \frac{7}{16} \text{（南半球海洋）}$$

$$\frac{1}{8} \times \frac{1}{2} = \frac{1}{16} \text{（南半球陸地）}$$

（二）平實式的教學表徵

示例

如圖，ΔABC 中，$\overline{BI}$ 與 $\overline{CI}$ 分別為 $\angle ABC$ 與 $\angle ACB$ 的平分線，且 $\overline{BI}$ 與 $\overline{CI}$ 相交於 I，請證明 $\angle BIC = 90^\circ + \frac{1}{2}\angle A$。

證明

$\overline{BI}$ 與 $\overline{CI}$ 分別平分 $\angle ABC$ 與 $\angle ACB$

$\Rightarrow \angle 1 = \angle 2$，$\angle 3 = \angle 4$

$\Rightarrow \angle 2 = \frac{1}{2}\angle ABC$，$\angle 4 = \frac{1}{2}\angle ACB$

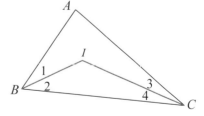

$\therefore \angle BIC = 180^\circ - (\angle 2 + \angle 4) = 180^\circ - \frac{1}{2}(\angle ABC + \angle ACB)$

$= 180^\circ - \frac{1}{2}(180^\circ - \angle A) = 90^\circ + \frac{1}{2}\angle A$，故得證。

說明

　　這個內心角度的關係證明，如果能以日常生活中分擔金錢的觀點強化等式的合理性（如以下所述），相信能幫助更多學生了解這個數學道理的角度關係與實質內涵。

　　假設 A、B、C 表示三個人總花費 180 元的個人分擔，如今 B、C 的分擔各減為一半，即兩人總共分擔 $(\frac{1}{2}B + \frac{1}{2}C)$ 元。

　　若 A 的分擔也變為 $\frac{1}{2}A$ 元，則三人總負擔只有 $(\frac{1}{2}A + \frac{1}{2}B + \frac{1}{2}C) = \frac{1}{2}$ ×180 = 90 元，故想支付 180 元的總花費，則 A 的分擔必須變為 $(\frac{1}{2}A + 90)$ 元。

示例

　　每天中午有艘輪船從哈佛開往紐約；而每天的同一時刻，也有一艘輪船從紐約開往哈佛，此段航程都需要 7 天 7 夜。請問今天中午從哈佛開往紐約的輪船，到達紐約前的航行途中（不包括兩端的港口），將會遇到幾艘從紐約開往哈佛的輪船？

解答

　　這道問題是十九世紀時，同是法國數學家的 Lucas（1842-1891）問 Sturm（1803-1855）的問題。據傳當時 Sturm 想了一下，隨後將香菸紙盒撕開，在空白的紙背畫了一張圖（如下圖），然後向 Lucas 解說：圖中有一條粗黑線與 13 個交點，這些交點數就表示從紐約開往哈佛的這艘輪船，在航行途中，將會與對面開來的 13 艘船相遇。

Lucas 所提的問題與 Sturm 的巧妙圖解，兩者至今仍在許多數學書籍中被提及。

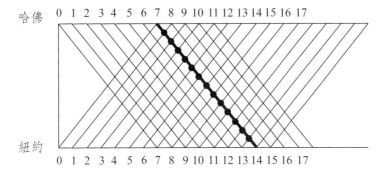

假設兩艘相遇的輪船,在途中已經各自航行了 a 日和 b 日。依題意推得 a 和 b 的關係式:$a+b=7$,$|a-b|$ 為非負整數,$ab \neq 0$。

因為兩個港口皆每隔一日才同時開出一艘輪船,所以任兩艘輪船在途中相遇時,航行的日數必相差整數日。

可求出下面的 13 組解:

a	0.5	1	1.5	2	2.5	3	3.5	4	4.5	5	5.5	6	6.5
b	6.5	6	5.5	5	4.5	4	3.5	3	2.5	2	1.5	1	0.5

說明

以上第一種解法是轉換成幾何觀點解決的,從學習的角度來看,有其意義和價值,只可惜親和度不夠,易使學生望而生畏,甚至搞不懂到底是怎麼一回事。而第二種解法是使用未知數,並列出關係式逐一進行討論,算是非常簡潔而快速的解法。但如果在講解第二種解法時,將第一種解法中的圖示改以如下更平實的表徵圖示,相信對於提升理解題意與解法,會產生加乘之效。

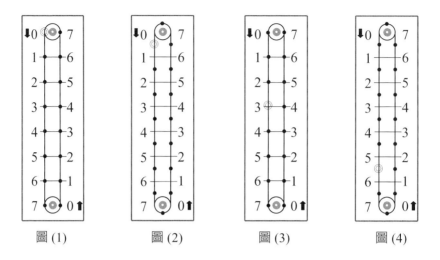

圖 (1)　　　　　圖 (2)　　　　　圖 (3)　　　　　圖 (4)

我們想像它就如同一般的卡式錄音帶（如上圖所示），兩個短邊內側的相對位置上，各有一個旋轉頭，兩個旋轉頭間套著一條可被旋轉頭牽動的帶子，帶子上的「◎」與「●」表示航行中的輪船點，當旋轉頭逆時針方向轉動時，輪船點也會跟著移動。圖 (1) 中的「◎」表示從哈佛開往紐約的一艘輪船，而圖 (2) 則圖示該艘輪船航行 0.5 日後，第一次與對面開出的輪船相遇的情形，由圖上數據顯示，對向的輪船已經航行了 6.5 日。圖 (3) 與圖 (4) 分別表示「◎」航行 3 日與 5.5 日後，與對向輪船相遇的情形。

（三）表格式的教學表徵

示例

小亞有紅牌 16 張，黑牌 18 張，混合後分成甲、乙兩堆。若甲堆比乙堆多 12 張，且甲堆中的紅牌比乙堆中的黑牌多 5 張，請問甲堆中的黑牌比乙堆中的紅牌多幾張？

解答

設乙堆中的黑牌有 x 張

由甲堆中的紅牌比乙堆中的黑牌多 5 張 $\Rightarrow$ 甲堆中的紅牌有 $(x+5)$ 張

由紅牌共有 16 張，黑牌共有 18 張

$\Rightarrow$ 甲堆中的黑牌有 $18 - x$ 張，乙堆中的紅牌有 $16 - (x + 5) = 11 - x$ 張

$(18 - x) - (11 - x) = 18 - x - 11 + x = 7$

所以甲堆中的黑牌比乙堆中的紅牌多 7 張。

說明

這道問題中有甲、乙兩堆，而且有紅牌與黑牌，如果教師在教學時，能夠畫出一個二維表格；或者在學生的學習教材上附上這個表格，再由教師引導學生依序填入格內的數，就可以幫助閱讀或推論能力比較遲緩的學生更加清楚不同堆中的紅牌、黑牌張數，也就能滿足更多不同學習條件的學生需求。而這部分的教學歷程，就是將解題中那些冗長或凌亂的假設與推演，轉換成一個更明朗有序、「一個蘿蔔一個坑」的表格表徵。

	甲	乙	張數
紅	$x + 5$		16
黑		x	18

	甲	乙	張數
紅	$x + 5$	$11 - x$	16
黑	$18 - x$	x	18

示例

已知 3 隻貓在 3 天內共抓了 3 隻老鼠，若要在 10 天內抓 20 隻老鼠，請問總共需要幾隻貓？

解答

已知：3 隻貓在 3 天內抓了 3 隻老鼠

推知：3 隻貓在 1 天內抓了 1 隻老鼠

再推知：3 隻貓在 10 天內抓了 10 隻老鼠

最後推知：6 隻貓在 10 天內抓了 20 隻老鼠

所以要在 10 天內抓 20 隻老鼠，共需要 6 隻貓。

説明

　　以上是「貓抓老鼠」的一種靈活解法。這個類似遞推的解法，我覺得滿不錯的，但教學時，若可以用比較簡潔的形式呈現，如用表格式的表徵形式，就會更簡潔、有趣了。

　　首先呈現整個解法的表格架構，再帶領學生投注於數字的關係變化，而應避免想到哪裡就寫到哪裡、或找不出思路頭緒、或像照本宣科般死氣沉沉。不要小看這種「小而美」的表現形式，學生可感受得到教師點點滴滴的心思。

CAT	DAY	MOUSE
3	3	3
3	1	1

CAT	DAY	MOUSE
3	3	3
3	1	1
3	10	10

CAT	DAY	MOUSE
3	3	3
3	1	1
3	10	10
?	10	20

CAT	DAY	MOUSE
3	3	3
3	1	1
3	10	10
6	10	20

示例

　　某宴會場合共有甲、乙、丙、丁、戊、己6人參加，他們彼此都與其他人恰好握了一次手，請問所有握手次數為何？

解答

　　如下頁的圖 (1) 或圖 (2)，可算得 $5 \times 6 \div 2 = 30 \div 2 = 15$，所以所有握手次數為 15 次。

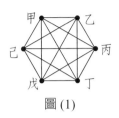
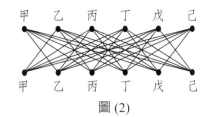

圖 (1)　　　　　　　　圖 (2)

說明

　　由於受到教學累積經驗的影響，我認為教師使用以上兩種圖示輔助教學的情況是普遍的。但對於數學學習較為弱勢的學生來說，可以考慮使用以下更淺顯易懂的表格表徵方式，以提高他們的理解狀況。只不過計算式的寫法可能要改為 $1 + 2 + 3 + 4 + 5 = 15$ 或 $(6 \times 6 - 6) \div 2 = 15$。

　　而這個表格的運用也很適合說明 n 個人之間，當任兩人恰好皆互握一次手時，則總共的握手次數為 $(n^2 - n) \div 2 = \dfrac{n(n-1)}{2}$。

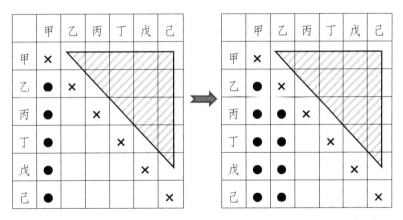

甲與乙、丙、丁、戊、己握手。　　　乙還與丙、丁、戊、己握手。

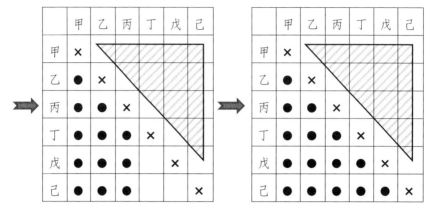

丙還與丁、戊、己握手。　　　　丁還與戊、己握手，戊還與己握手。

　　以上的表格表徵方式，呈現時是先作一個 7×7 的表格，再進行握手次數的討論與標記。除此之外，也可以先作一個 3×3 的表格，再將外圍逐漸加大而至討論完 7×7 的表格。

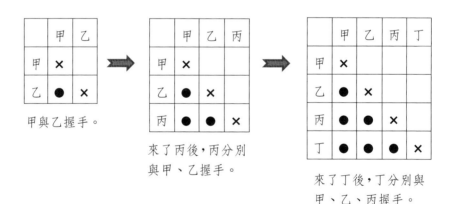

甲與乙握手。

來了丙後，丙分別
與甲、乙握手。

來了丁後，丁分別與
甲、乙、丙握手。

	甲	乙	丙	丁	戊
甲	×				
乙	●	×			
丙	●	●	×		
丁	●	●	●	×	
戊	●	●	●	●	×

來了戊後，戊分別與甲、乙、丙、丁握手。

	甲	乙	丙	丁	戊	己
甲	×					
乙	●	×				
丙	●	●	×			
丁	●	●	●	×		
戊	●	●	●	●	×	
己	●	●	●	●	●	×

來了己後，己分別與甲、乙、丙、丁、戊握手。

（四）語文式的教學表徵

示例

　　若 $a > 0$，m、n 爲正整數，且 $m > n$，請證明以下的等式成立，並請舉例驗證。

(1) $a^m \times a^n = a^{m+n}$；(2) $a^m \div a^n = a^{m-n}$；(3) $(a^m)^n = a^{m \times n}$；(4) $(ab)^n = a^n \times b^n$。

證明

(1) $a^m \times a^n = (\underbrace{a \times \cdots \times a}_{m \text{個} a}) \times (\underbrace{a \times \cdots \times a}_{n \text{個} a}) = \underbrace{a \times \cdots \times a}_{m+n \text{個} a} = a^{m+n}$

舉例：$5^4 \times 5^2 = (\underbrace{5 \times 5 \times 5 \times 5}_{4 \text{個} 5}) \times (\underbrace{5 \times 5}_{2 \text{個} 5}) = \underbrace{5 \times \cdots \times 5}_{4+2 \text{個} 5} = 5^{4+2}$

(2) $a^m \div a^n = \dfrac{\underbrace{a \times \cdots \times a}_{m \text{個} a}}{\underbrace{a \times \cdots \times a}_{n \text{個} a}} = \underbrace{a \times \cdots \times a}_{m-n \text{個} a} = a^{m-n}$

舉例：$5^4 \div 5^2 = \dfrac{\underbrace{5 \times 5 \times 5 \times 5}_{4 \text{個} 5}}{\underbrace{5 \times 5}_{2 \text{個} 5}} = \underbrace{5 \times 5}_{4-2 \text{個} 5} = 5^{4-2}$

(3) $(a^m)^n = \underbrace{(\underbrace{a \times \cdots \times a}_{m\text{個}a}) \times (\underbrace{a \times \cdots \times a}_{m\text{個}a}) \times \cdots \times (\underbrace{a \times \cdots \times a}_{m\text{個}a})}_{n\text{個}a^m} = \underbrace{a \times a \times \cdots \times a}_{m \times n\text{ 個}a} = a^{m \times n}$

舉例：$(3^4)^2 = \underbrace{(\underbrace{3 \times 3 \times 3 \times 3}_{4\text{個}3}) \times (\underbrace{3 \times 3 \times 3 \times 3}_{4\text{個}3})}_{2\text{個}3^4} = 3^{4 \times 2}$

(4) $(ab)^n = \underbrace{(ab) \times (ab) \times \cdots \times (ab)}_{n\text{個}ab} = \underbrace{a \times a \times \cdots \times a}_{n\text{個}a} \times \underbrace{b \times b \times \cdots \times b}_{n\text{個}b} = a^n \times b^n$

舉例：$(2 \times 5)^3 = \underbrace{(2 \times 5) \times (2 \times 5) \times (2 \times 5)}_{3\text{個}(2 \times 5)} = \underbrace{2 \times 2 \times 2}_{3\text{個}2} \times \underbrace{5 \times 5 \times 5}_{3\text{個}5} = 2^3 \times 5^3$

說明

　　除了以明確的數字詮釋「指數律」，並以代數推演證明其正確性，我也作了兩首簡單的小詩，希望幫助學生熟記指數運算的關係轉換，並增添趣味性。

(1) $a^m \times a^n = a^{m+n}$ 　同底相乘次相加	(1) $a^m \times a^n = a^{m+n}$ 　同底相乘次相加
(2) $a^m \div a^n = a^{m-n}$ 　同底相除次相差	(2) $a^m \div a^n = a^{m-n}$ 　同底相除次相差
(3) $(a^m)^n = a^{m \times n}$ 　次了又次次相乘	(3) $(a^m)^n = a^{m \times n}$ 　次了又次次相乘
(4) $\begin{cases} (ab)^n = a^n b^n \\ \left(\dfrac{a}{b}\right)^n = \dfrac{a^n}{b^n} \end{cases}$ 　乘除再次次大家	(4) $a^0 = 1(a \neq 0)$ 　零次原是一枝花

示例

如圖，請問 $\angle A + \angle B + \angle C + \angle D$ 的度數和為何？

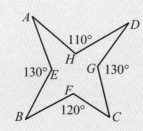

解答

連 $\overline{AB}$、$\overline{BC}$、$\overline{CD}$、$\overline{AD}$

$\Rightarrow \angle 1 + \angle 2 = 50°$，$\angle 3 + \angle 4 = 60°$，$\angle 5 + \angle 6 = 50°$，$\angle 7 + \angle 8 = 70°$

$\therefore \angle A + \angle B + \angle C + \angle D = 360° - (50° + 60° + 50° + 70°) = 360° - 230°$

$\quad = 130°$。

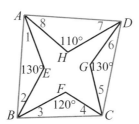

解答

在圖形內部選擇一點 P，連 $\overline{PA}$、$\overline{PB}$、$\overline{PC}$、$\overline{PD}$

$\angle A + \angle B + \angle C + \angle D = (130° + 120° + 130° + 110°) - 360°$

$\quad = 490° - 360° = 130°$。

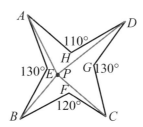

說明

　　這一道問題在進行解題教學時，我通常都會教以上兩種解法，以增進學生靈活運用「多邊形的角度性質」。問題中的附圖為「流星鏢」，而第二種解法是將此「流星鏢」分割成四個「迴旋鏢」。我會將第一種解法取名為「以

盾制鏢」，第二種解法取名為「以鏢制鏢」（以迴旋鏢克制流星鏢），為了增進印象和提高趣味性，還會向學生表示「以盾制鏢不稀奇，以鏢制鏢才霸氣」。

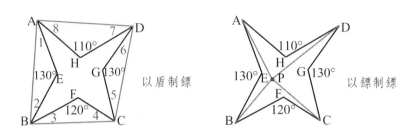

以盾制鏢不稀奇，以鏢制鏢才霸氣

（五）操作式的教學表徵

示例

請證明 $(a+b)(a-b) = a^2 - b^2$ 恆成立。

證明

$$(a+b)(a-b) = (a^2 - ab) + (ab - b^2) = a^2 - b^2。$$

說明

　　「平方差」公式的證明，除了用乘法對加法的分配律外，其實發給每位學生一張正方形色紙，再請同學在一角剪去一個小正方形（如下圖示的兩種方式），藉由「紙張分割後再重新拼合成長方形」是很容易增進學生理解與加深印象的，若能再加上電腦教學簡報呈現動畫，就更動人心扉了。

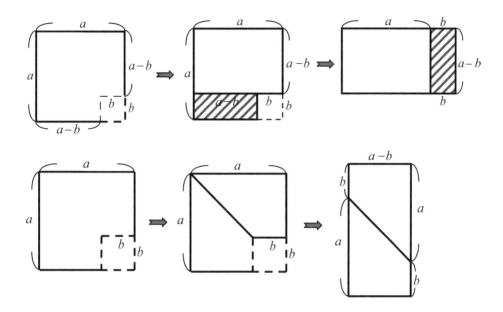

示例

　　如圖，長方形 $ABCD$ 中有縱、橫兩條平行四邊形的步道，請問：

(1)長方形 $ABCD$ 的面積為何？（以 x 表示）

(2)請比較灰色步道以外的面積與

　　$9 \times (5x + 6)$ 的大小關係為何？

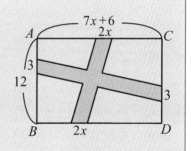

解答

(1) $12 \times (7x + 6) = 84x + 72$，所以 $ABCD$ 的面積為 $(84x + 72)$ 平方單位。

(2) 比較以下圖（甲）與圖（乙）中，兩條平行四邊形步道的重疊區域面積大小。其中圖（乙）的兩條步道皆為長方形，所以重疊區域為長方形，面積為 $2x \times 3 = 6x$。

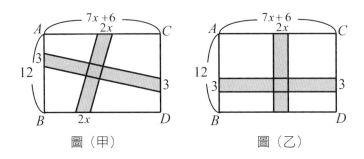

圖（甲）　　　　　　　　圖（乙）

令圖（甲）中兩條平行四邊形步道的重疊區域為平行四邊形 $EFGH$（如下圖）：

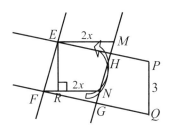

作 $\overline{EM}\,/\!/\,\overline{AC}$、$\overline{FN}\,/\!/\,\overline{AC}\Rightarrow\overline{FM}=\overline{FN}=2x$，作 $\overline{ER}\perp\overline{FN}$（令垂足為 R）

因為 $\Delta FGN\cong\Delta EHM$，所以平行四邊形 $EFGH$ 面積等於平行四邊形 $EFNM$ 面積，但 $EFNM$ 面積 $=\overline{FN}\times\overline{ER}<\overline{FN}\times\overline{PQ}=2x\times3=6x$

透過以上推算得知圖（甲）步道重疊區域的面積小於圖（乙）步道重疊區域的面積，即圖（甲）步道總面積大於圖（乙）步道總面積，再推知圖（甲）步道以外的總面積小於圖（乙）步道以外的總面積，故本題附圖中灰色步道以外的面積小於 $(12-3)\times[(7x+6)-2x]$，即小於 $9\times(5x+6)$。

說明

　　以上的解法對於幾何能力較好的學生來說，應該會覺得是很棒的，但對於幾何能力沒那麼好，或數學能力弱勢的學生而言，可能就比較吃力了。教師或許可以做份學習單，請同學將圖（甲）與圖（乙）步道以外的四個四邊形分別剪下，再黏貼至下圖的長方形內部，就能讓學生更真實地體驗拼合的

過程與結果。

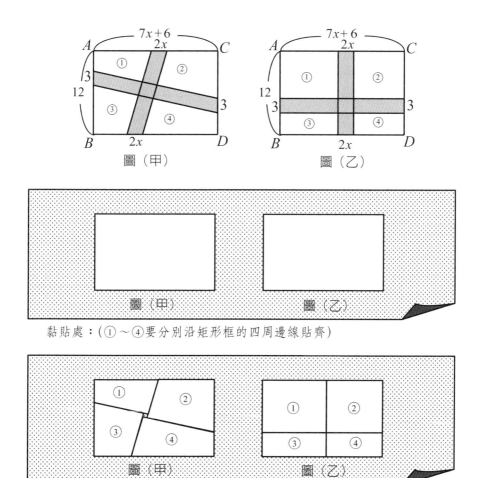

圖（甲）　　　　　圖（乙）

黏貼處：（①～④要分別沿矩形框的四周邊線貼齊）

圖（甲）　　　　　圖（乙）

　　除此之外，教師也可搭配製作簡單的電腦教學簡報，用動畫呈現①～④
這四個四邊形逐步拼合的過程。

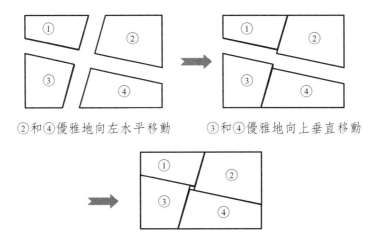

②和④優雅地向左水平移動　③和④優雅地向上垂直移動

八、小小的改變，大大的滿足

我們常講「生動有趣」，從教學的觀點來看，可以說「生動能讓教學變得有趣」。透過以上的舉例與說明，相信大家已經對數學教學「多元表徵」的意義有概括性的了解。同一個道理，或許可以不要老是清一色使用文字或口說形式，有時換個不同的面貌、不同的節奏呈現，會讓材料展現出煥然一新的生命。黑板上多畫一個圖，那怕只是一條線、一抹色彩，都可能拉好幾個弱勢學生一把，數學課堂也會變得更為明亮、豐盛而美好。

第二章

數學教學多元表徵示例與說明

主題一 走得慢，踩得深

示例

請問下列哪幾個是方程式 $2x - y = 3$ 的解？

(A) $(2，-1)$　(B) $(-2，-7)$　(C) $(0，3)$　(D) $(-\dfrac{1}{2}，-4)$。

解答

(A) $2 \times (2) - (-1) = 4 + 1 = 5 \neq 3$；(B) $2 \times (-2) - (-7) = -4 + 7 = 3$

(C) $2 \times (0) - (3) = 0 - 3 = -3 \neq 3$；(D) $2 \times (-\dfrac{1}{2}) - (-4) = -1 + 4 = 3$

$\therefore$ (B) 與 (D) 是方程式 $2x - y = 3$ 的解。

說明

　　教學時，為了表現兩個代表數將被已知數值取代，且期望學生在考試作答時，能夠少算錯，又能方便驗算，於是我會請學生在計算時先以「括號」表示代表數，再代入數值，我也將其語文表徵為「**挖洞種樹（數）**」，也就是先寫括號（挖洞），再把數值代入（種數），最後算出結果。

挖洞：

(A) $2 \times (\ \ ) - (\ \ ) =$　　　　　　；(B) $2 \times (\ \ ) - (\ \ ) =$

(C) $2 \times (\ \ ) - (\ \ ) =$　　　　　　；(D) $2 \times (\ \ ) - (\ \ ) =$

種數：

(A) $2 \times (2) - (-1) =$　　　　　　；(B) $2 \times (-2) - (-7) =$

(C) $2 \times (0) - (3) =$　　　　　　；(D) $2 \times (-\dfrac{1}{2}) - (-4) =$

看結果：

(A) $2 \times (2) - (-1) = 4 + 1 = 5 \neq 3$：(B) $2 \times (-2) - (-7) = -4 + 7 = 3$

(C) $2 \times (0) - (3) = 0 - 3 = -3 \neq 3$：(D) $2 \times (-\frac{1}{2}) - (-4) = -1 + 4 = 3$

∴ (B) 與 (D) 是方程式 $2x - y = 3$ 的解。

示例

(1) 當 $x = -\frac{1}{2}$ 時，請問 $3x^2 - 4x + 2$ 的值為何？(2) 若 $A = 2x + 1$，$B = -x - 6$，$C = -3x - 2$，請化簡 $2A - 3B + C$ 為何？

解答

(1) $3x^2 - 4x + 2 = 3 \times (-\frac{1}{2})^2 - 4 \times (-\frac{1}{2}) + 2 = 3 \times \frac{1}{4} + 2 + 2 = 4\frac{3}{4}$

(2) $2A - 3B + C = 2 \times (2x + 1) - 3 \times (-x - 6) + (-3x - 2)$

$= 4x + 2 + 3x + 18 - 3x - 2 = 4x + 18$。

說明

　　遇到計算求值式或化簡多項式的問題時，教師可視時機運作「**挖洞種樹（數）**」或「**挖洞種柿（式）**」的表徵，如以下的呈現方式。

(1) $3x^2 - 4x + 2 = 3 \times (\qquad)^2 - 4 \times (\qquad) + 2$（先呈現「挖洞」）

$3x^2 - 4x + 2 = = 3 \times (-\frac{1}{2})^2 - 4 \times (-\frac{1}{2}) + 2$（再將數值代入，即「種數」）

$3x^2 - 4x + 2 = = 3 \times \frac{1}{4} + 2 + 2 = 4\frac{3}{4}$（最後得出「結果」）

(2) $2A - 3B + C = 2 \times (\qquad) - 3 \times (\qquad) + (\qquad)$（先呈現「挖洞」）

$2A - 3B + C = 2 \times (2x + 1) - 3 \times (-x - 6) + (-3x - 2)$（再將式子代入，即「種式」）

$= 4x + 2 + 3x + 18 - 3x - 2 = 4x + 18$（最後得出「結果」）

示例

(1)請計算 $(-2) \times (-6) + (-16) \times (-4) - (-3) \times 5$ 之值爲何？

(2)請計算 $3 \times (-5) + [2 \times (-15) + 2 \times (-4)] \times (-3) + 10 \div (-2)]$ 之值爲何？

解答

(1) $(-2) \times (-6) + (-16) \times (-4) - (-3) \times 5$

$= 12 + 64 - (-15) = 12 + 64 + 15 = 91$

(2) $3 \times (-5) + [2 \times (-15) + 2 \times (-4)] \times (-3) + 10 \div (-2)$

$= -15 + [-30 + (-8)] \times (-3) + (-5)$

$= -15 + (-38) \times (-3) + (-5) = -20 + 114 = 94$ 。

說明

　　教學時，爲了讓學生熟練必須「先做乘除運算，再做加減運算」，且能減少計算失誤，教師可以在一開始教「整數四則運算」時，除了由易而難鋪展材料外，也可使用加「輔助框」的方式，將必須優先處理的乘除部分框起來，並搭配**「先分段清理，再全面收拾」**（就像掃地時，若是一大片面積，可以分幾個區塊分別打掃與集中垃圾，最後再收拾各處的垃圾堆一樣）的語言表徵進行教學。等到學生已經了解哪些是不可任意分割的整體，也熟練「先做乘除，再做加減」的運算程序後，可逐步將「輔助框」拿掉。

(1) 先「分段清理」：

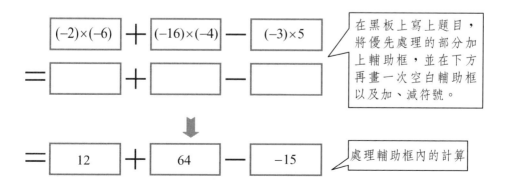

等到每段都清理完畢,最後「全面收拾」

$$= 12 + 64 + 15 = 91$$

(2) 先分段清理:

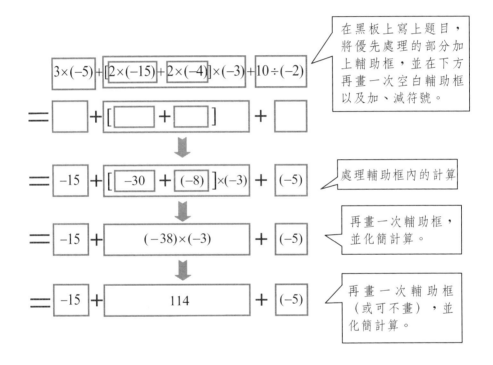

等到每段都清理完畢,最後「全面收拾」

$$= 114 - 20 = 94$$

示例

　　(1) 池中立一竹竿，全長的 $\frac{1}{6}$ 在泥中，剩下的 $\frac{3}{5}$ 在水中，露出水面尚有 5 公尺，請問竹竿的全長為多少公尺？(2) 一條繩子若折成等長的 3 折垂入井中，則繩露出井口 4 公尺；若折成等長的 4 折垂入井中，則繩離井口尚有 4 公尺，請問井深和繩長各為多少公尺？

解答

(1) 泥中的竹竿長為全長的 $\frac{1}{6}$

　　水中的竹竿長為全長的 $(1-\frac{1}{6})\times\frac{3}{5}=\frac{5}{6}\times\frac{3}{5}=\frac{1}{2}$

　　露出水面的竹竿長為全長的 $1-\frac{1}{6}-\frac{1}{2}=\frac{6}{6}-\frac{1}{6}-\frac{3}{6}=\frac{2}{6}=\frac{1}{3}$

　　$6\div\frac{1}{3}=6\times3=18$，所以竹竿的全長為 18 公尺。

(2) 設井深 x 公尺

　　$3(x+4)=4(x-3)\Rightarrow 3x+12=4x-12$

　　$\Rightarrow x=24$，且 $3(x+4)=3\times28=84$，所以井深 24 公尺，繩長 84 公尺。

　　或是設繩長 x 公尺

　　$\frac{1}{3}x-4=\frac{1}{4}x+3\Rightarrow\frac{1}{3}x-\frac{1}{4}x=3+4$

　　$\frac{1}{12}x=7\Rightarrow x=84$，且 $\frac{1}{3}x-4=\frac{1}{3}\times84-4=24$

　　所以井深 24 公尺，繩長 84 公尺。

說明

　　以上是每位老師幾乎都很熟悉的「竹竿插入水中」以及「繩子垂入井中」的問題，如果也可以有個附圖，教師引導學生依題意逐一填入數字，就可以將語言表徵結合圖像表徵，幫助更多學生認清題意中各個要素間的關係，同時也是在告訴學生，要步步踏實，才能正確解對問題。

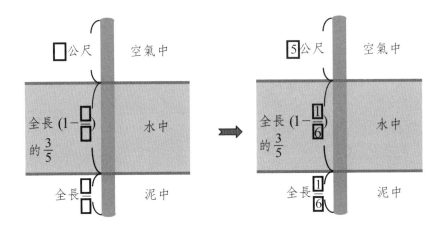

設井深 x 公尺

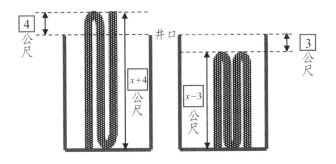

設繩長 x 公尺

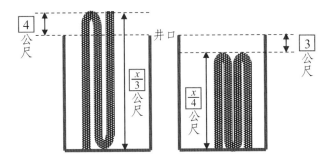

示例

　　將兩條一樣長的繩子分別折成等長三段與折成等長四段，如果兩者的長度相差 6 公尺，請問原來一條繩長是多少公尺？

解答

$\dfrac{1}{3}$ 的繩長與 $\dfrac{1}{4}$ 的繩長相差 6 公尺

$\dfrac{1}{3} - \dfrac{1}{4} = \dfrac{4}{12} - \dfrac{3}{12} = \dfrac{1}{12}$，表示 6 公尺是原來一條繩長的 $\dfrac{1}{12}$

$6 \div \dfrac{1}{12} = 6 \times 12 = 72$，所以原來一條繩長是 72 公尺。

說明

　　教師講解這道問題時，如果使用前一道「繩子垂入井中」的教學圖示（如下圖 (1)），我認為它的輔助作用比不上下圖 (2) 的圖示來得清晰明朗。

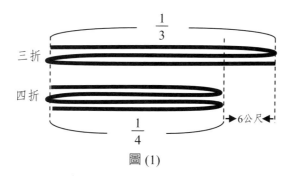

圖 (1)

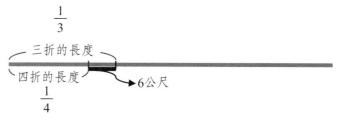

圖 (2)

示例

　　已知老師的身高是 163 公分，若以此身高為基準，則甲、乙、丙、丁、戊、己六個學生的身高簡記如下表（以 1 公分長作為 1 單位），請問這六個學生的平均身高是多少公分？

學生	甲	乙	丙	丁	戊	己
身高簡記	+3	−5	+4	+6	−1	+5

解答

$(166 + 158 + 167 + 169 + 162 + 168) \div 6 = 990 \div 6 = 165$

所以這六個學生的平均身高是 165 公分。

學生	甲	乙	丙	丁	戊	己	平均身高
身高簡記	+3	−5	+4	+6	−1	+5	
實際身高（公分）	166	158	167	169	162	168	

解答

$[3 + (-5) + 4 + 6 + (-1) + 5] \div 6 = 12 \div 6 = 2$，$163 + 2 = 165$

所以這六個學生的平均身高是 165 公分。

學生	甲	乙	丙	丁	戊	己	平均身高
身高簡記	+3	−5	+4	+6	−1	+5	+2

說明

　　雖然使用第二種解法比起第一種解法來得簡潔有效率，但只要時機適當，我都會教兩種解法，也會跟學生比較兩者的差異處，並分享解題心得「走絕對路線，耗時費力」、「走相對路線，省時省力」。但為了提高數學

能力弱勢的學生對第二種解法的理解程度，教師可以在黑板上作以下的圖示，或以電腦教學動畫呈現「截長補短」、「劫富濟貧」的關係。

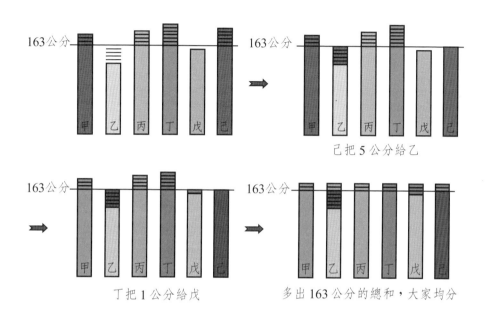

己把 5 公分給乙

丁把 1 公分給戊

多出 163 公分的總和，大家均分

示例

　　甲、乙、丙 3 人比賽吃草莓，已知甲吃 2 顆時，乙恰好吃 3 顆；而乙吃 4 顆時，丙恰好吃 5 顆，請問甲、乙、丙 3 人吃草莓的速度比為何？

解答

甲	乙	丙
2	3	
	4	5
8	12	15

所以甲、乙、丙 3 人吃草莓的速度比為 8：12：15。

說明

　　多畫幾條線、多寫幾個符號，呈現從兩項的比變成三項的比，倍數的改變狀態，可以增進更多學生的理解狀況。以下兩種方式，皆是不錯的解法與表徵方式。

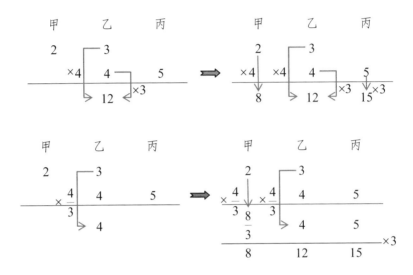

示例

　　已知有 4 個相同的大盒子，每個大盒子內都裝了 4 個相同的中盒子，而每個中盒子內又裝了 4 個小盒子，請問共有多少個盒子？

解答

　　$4 + 4 \times 4 + 4 \times 4 \times 4 = 4 + 16 + 64 = 84$

　　所以共有 84 個盒子。

說明

　　記得剛任教的前幾年中，曾在黑板上寫下如下的大、中、小的「4」，當時只為了表現有 4 個相同的大盒子、4×4 個相同的中盒子、$4 \times 4 \times 4$ 個相同的小盒子，雖然是異想天開，但這即興創作至今留下美好的回味。

$$4 \quad 4{\times}4 \quad 4{\times}4{\times}4$$

　　不過它畢竟缺乏數學味，所以後來就很少使用了，取而代之的是以下兩種不用花很多時間即可完成的圖示。

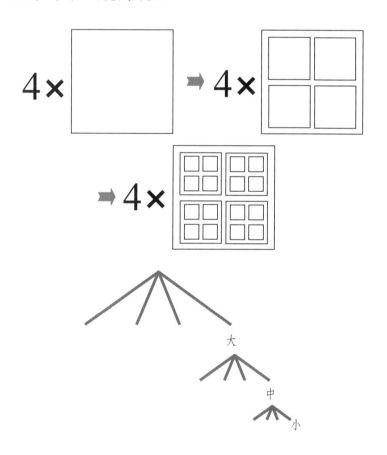

示例

　　(1) 爸爸的體重比小明的體重的 3 倍少 2 公斤，若爸爸的體重為 x 公斤，請問小明的體重為多少公斤？(2) 爸爸的體重比小明的體重的 3 倍多 2 公斤，若爸爸的體重為 x 公斤，請問小明的體重為多少公斤？

解答

(1) $(x+2) \div 3 = \dfrac{x+2}{3}$，所以小明的體重為 $\dfrac{x+2}{3}$ 公斤。

(2) $(x-2) \div 3 = \dfrac{x-2}{3}$，所以小明的體重為 $\dfrac{x-2}{3}$ 公斤。

說明

　　題意應透過語言轉換至可以列式的關係，教學時可配合簡單圖示，讓學生深刻了解「多退少補」的虛擬設想。

(1)

若爸爸體重多 2 公斤，則是小明體重的 3 倍。

爸爸的體重

(2)

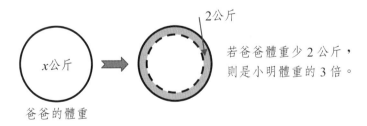

若爸爸體重少 2 公斤，則是小明體重的 3 倍。

爸爸的體重

示例

已知爸爸的年齡比小春的年齡多 28 歲，且 10 年後爸爸的年齡比小春的年齡 2 倍多 8 歲，請問小春今年幾歲？

解答

設小春今年 x 歲，爸爸今年 $(x+28)$ 歲

$(x+28)+10 = 2(x+10)+8 \Rightarrow x+38 = 2x+28$

$\Rightarrow 2x-x = 38-28 \Rightarrow x = 10$

所以小春今年是 10 歲。

說明

這是兩個人年齡變化的問題，在表現兩人現在以及 10 年後的年齡，除了以平鋪直敘的方式假設外，其實以表格或數線表徵，也是很不錯的教學方式。

	今年（歲）	10年後（歲）
小春	x	$x+10$
爸爸	$x+28$	$(x+28)+10$

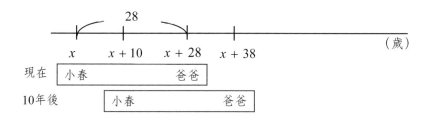

示例

　　(1) 某正整數用 3 去除餘 1，用 5 去除餘 3，用 7 去除餘 5，請問此數最小為何？(2) 某正整數用 3 去除，用 4 去除，用 5 去除都餘 1，若此數大於 1，請問此數最小為何？(3) 若 n 為大於 1 的正整數，用 n 分別去除 422、297、181 都得到相同的餘數，請問 n 值為何？

解答

(1) 用 3 去除餘 1，用 5 去除餘 3，用 7 去除餘 5，表示若想要被 3、5、7 整除的話，此正整數皆不足 2

　　[3，5，7] = 105，105 − 2 = 103 　∴ 此數最小為 103。

(2) 用 3 去除，用 4 去除，用 5 去除都餘 1，表示若想要被 3、4、5 整除的話，此正整數皆多 1

　　[3，4，5] = 60，60 + 1 = 61 　∴ 此數最小為 61。

(3) 用 n 分別去除 422、297、181 都得到相同的餘數，表示 n 可以整除

　　422 − 297、422 − 181、297 − 181

　　422 − 297 = 145，422 − 181 = 261，297 − 181 = 116

　　(145，261，116) = 29 　∴ n 值為 29。

說明

　　以上三個問題都跟因數、倍數有關，它也是國中生學習因數、倍數很常見的材料，但為了強化理解，教師可以考慮列式呈現其運算關係。

(1)

□ ÷ 3 = ○ …… 餘 1	⟹	(□ + 2) ÷ 3 = ○ + 1 …… 餘 0
□ ÷ 5 = △ …… 餘 3		(□ + 2) ÷ 5 = △ + 1 …… 餘 0
□ ÷ 7 = ◇ …… 餘 5		(□ + 2) ÷ 7 = ◇ + 1 …… 餘 0

(2)

□ ÷ 3 = ○ …… 餘 1	⟹	(□ − 1) ÷ 3 = ○ …… 餘 0
□ ÷ 4 = △ …… 餘 1		(□ − 1) ÷ 4 = △ …… 餘 0
□ ÷ 5 = ◇ …… 餘 1		(□ − 1) ÷ 5 = ◇ …… 餘 0

(3)

$$422 \div n = \bigcirc \cdots\cdots 餘\ a$$
$$297 \div n = \triangle \cdots\cdots 餘\ a$$
$$181 \div n = \diamondsuit \cdots\cdots 餘\ a$$

$$\Longrightarrow$$

$$(422 - 297) \div n = \bullet \cdots\cdots 餘\ 0$$
$$(422 - 181) \div n = \blacktriangle \cdots\cdots 餘\ 0$$
$$(297 - 181) \div n = \blacklozenge \cdots\cdots 餘\ 0$$

示例

　　將一袋糖果平均分給一群學生，如果每人分 10 顆糖果，會剩下 8 顆；如果每人分 12 顆糖果，會不足 6 顆，請問學生共有多少人？糖果共有多少顆？

解答

設學生共有 x 人

$$10x + 8 = 12x - 6 \Rightarrow 12x - 10x = 8 + 6$$
$$\Rightarrow 2x = 14 \Rightarrow x = 7 \Rightarrow 10x + 8 = 10 \times 7 + 8 = 78$$

所以學生共有 7 人，糖果共有 78 顆。

解答

設糖果共有 x 顆

$$\frac{x - 8}{10} = \frac{x + 6}{12} \Rightarrow 6(x - 8) = 5(x + 6)$$
$$\Rightarrow 6x - 48 = 5x + 30 \Rightarrow x = 78 \Rightarrow \frac{x - 8}{10} = \frac{78 - 8}{10} = 7$$

所以學生共有 7 人，糖果共有 78 顆。

說明

　　教師可以練習簡單的人形圖畫法，如果可以在課本上增加這個附圖，或是教師講解時在黑板和教材上呈現如下的圖，然後帶領學生填入相關的已知數與代表數，應該可以幫助學生更加理解題意，並找出解決之道。

第一種解法的附圖以及教師帶領學生填入的數：

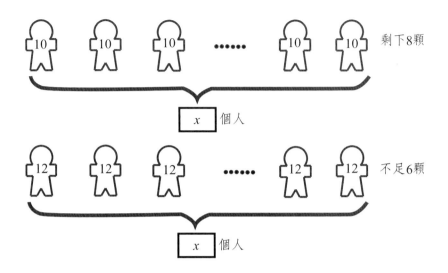

第二種解法的附圖以及教師帶領學生填入的數：

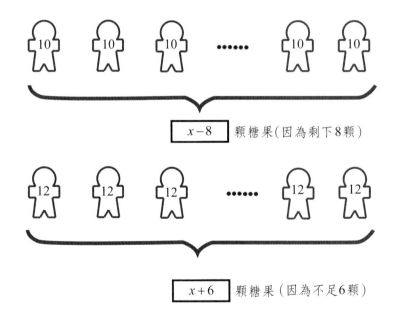

示例

請計算等差級數 $3+5+7+\cdots\cdots+95+97$ 的總和為何？

解答

項數 $= (97 - 3) \div 2 + 1 = 48$

$$3 + 5 + 7 + \cdots\cdots + 95 + 97 = \frac{48 \times (3 + 97)}{2} = 48 \times 50 = 2400$$

所以總和為 2400。

說明

　　公式並不難記，而且好用。只是有時回到類似高斯小時候的想法，相信能帶給學生更愉悅的美好時光。

	3	5	7	⋯	93	95	97
+	97	95	93	⋯	7	5	3
	100	100	100	⋯	100	100	100

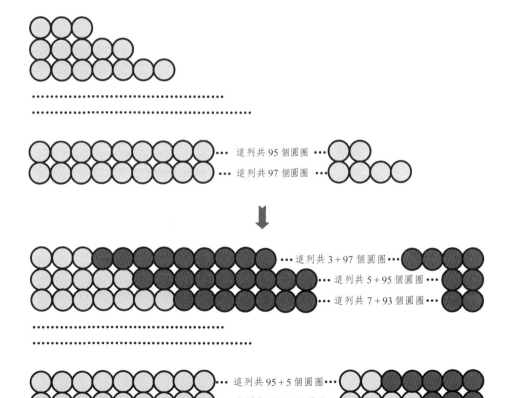

示例

　　兩支蠟燭等高不等粗，粗的 4 小時可燃盡，細的 3 小時可燃盡，同時點燃且以一定速率燃燒，請問在點燃幾小時後，粗的蠟燭的高度恰為細的蠟燭的 3 倍？

解答

設兩支蠟燭的原來高度都是 1，且點燃 x 小時後，粗的蠟燭的高度恰為細的蠟燭的 3 倍。

$$1 - \frac{1}{4} \times x = 3(1 - \frac{1}{3} \times x) \Rightarrow 4 - x = 12 - 4x \Rightarrow 3x = 8 \Rightarrow x = \frac{8}{3}$$

所以燃燒 $\frac{8}{3}$ 小時後，粗的蠟燭的高度恰為細的蠟燭的 3 倍。

說明

　　對大多數學生而言，他們缺乏問題中的情境體驗，除了可以如右下的語言表徵兩支蠟燭的燃燒速率，也可如左下的簡單圖示，呈現燃燒過程的高度改變。

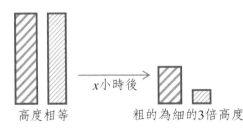

粗的每小時可燃去 $\frac{1}{4}$ 高度，

細的每小時可燃去 $\frac{1}{3}$ 高度。

x 小時後

高度相等　　　粗的為細的3倍高度

示例

　　有一個二位數的十位數字與個位數字的和為 14，若將這個數的十位數字與個位數字對調位置，則所得的新數比原數小 18，請問原數是多少？

解答

設原數的十位數字為 x，則原數的個位數字為 $(14-x)$，所以原數為 $10x + (14-x)$

對調位置後的新數的十位數字為 $(14-x)$，則新數的個位數字為 x，所以新數為 $10(14-x)+x$

由新數比原數小 18，可得 $10(14-x)+x = 10x+(14-x)-18$

$\Rightarrow 140-10x+x = 10x+14-x-18 \Rightarrow 140-9x = 9x-4 \Rightarrow 18x = 144$

$\therefore x = 8 \Rightarrow 14-x = 14-8 = 6$，故原數是 86。

說明

這是國中生學一元一次方程式時，一定會遇到的問題。為了讓學生確實了解必須先表達「十位數字」與「個位數字」，再表示「數的大小」，我總是以如下的圖示呈現原數與新數。

$$\boxed{\quad x \quad | \quad (14-x) \quad} \xrightarrow{\text{原數大小}} 10x + (14-x)$$
十位數字　個位數字

$$\boxed{\quad (14-x) \quad | \quad x \quad} \xrightarrow{\text{新數大小}} 10(14-x)+x$$
十位數字　個位數字

示例

　　德閎帶一些錢去超商購物，用其中的 $\dfrac{1}{4}$ 買兩包餅乾，再用剩餘錢的 $\dfrac{4}{5}$ 買一盒巧克力，最後剩下 384 元，請問德閎到超商時原本帶了多少錢？

解答

$$384 \div (1-\frac{4}{5}) \div (1-\frac{1}{4}) = 384 \div \frac{1}{5} \div \frac{3}{4}$$

$$= 384 \times 5 \times \frac{4}{3} = 128 \times 20 = 2560$$ ∴ 德閎到超商時原本帶了 2560 元。

說明

　　如果不用一元一次方程式解題，而用「**鮭魚洄游**」的方式逆推回去，我覺得教學時把「如何花錢」作成圖示，學生更容易找到回家的路。

示例

　　(1) 數線上有 $A(-12)$ 和 $B(76)$ 兩點，現將 A、B 兩點在數線上移動，已知每移動一次，A 點坐標會加 1，B 點坐標會減 2，請問要移動多少次，可使 A、B 兩點最後的坐標會成為相反數？(2) 甲、乙共有 800 元，甲給乙 50 元後，甲的錢為乙的錢的 2 倍少 100 元，請問甲、乙原各有多少錢？

解答

(1) 設要移動 x 次

$$(-12 + x) + (76 - 2x) = 0 \Rightarrow -12 + x + 76 - 2x = 0$$
$$\Rightarrow x = 64，所以要移動 64 次。$$

(2) 設甲原有 x 元，乙原有 $(800 - x)$ 元

$$(x - 50) = 2(800 - x + 50) - 100$$
$$\Rightarrow x - 50 = 1700 - 2x - 100 \Rightarrow 3x = 1650 \Rightarrow x = 550$$

所以甲原有 550 元，乙原有 250 元。

說明

　　教學生解應用問題，從理解題意、假設代表數至求出答案，對很多學生來說，可能是一段充滿驚奇的學習歷程，而任何細節都可能觸動內心欣喜與疑惑，也因此有經驗的教師，都是循循善誘、不疾不徐而行，其中式子的轉

換更重視細膩度。平時解題大多由左而右寫方程式，但站上講臺教學時，某些時候可能要著眼思考發展的邏輯性，以決定下筆的先後次序。

(1)設要移動 x 次

⇩

$(\quad\quad)+(\quad\quad)=0$

⇩

$(-12\quad)+(76\quad)=0$

⇩

$(-12+x)+(76-2x)=0$

⇩

$-12+x+76-2x=0$

⇩

$-x+64=0 \Rightarrow x=64$

所以要移動 64 次。

(2)設甲原有 x 元，乙原有 $(800-x)$ 元

⇩

$(\quad\quad)=2\times(\quad\quad)-100$

⇩

$(x\quad)=2\times(800-x\quad)-100$

⇩

$(x-50)=2\times(800-x+50)-100$

⇩

$x-50=2\times(850-x)-100$

$x-50=1700-2x-100$

$3x=1650 \Rightarrow x=550$

所以甲原有 550 元，乙原有 250 元。

示例

請化簡 $\sqrt{12}$、$\sqrt{180}$、$\sqrt{\dfrac{8}{3}}$ 成最簡根式。

解答

$$\sqrt{12}=\sqrt{2^2\times 3}=\sqrt{2^2}\times\sqrt{3}=2\sqrt{3}$$

$$\sqrt{180}=\sqrt{2^2\times 3^2\times 5}=\sqrt{2^2}\times\sqrt{3^2}\times\sqrt{5}=2\times 3\times\sqrt{5}=6\sqrt{5}$$

$$\sqrt{\frac{8}{3}}=\sqrt{\frac{2^3}{3}}=\sqrt{\frac{2^3\times 3}{3\times 3}}=\frac{\sqrt{2^2\times 2\times 3}}{\sqrt{3^2}}=\frac{\sqrt{2^2}\times\sqrt{2\times 3}}{3}=\frac{2\sqrt{6}}{3}$$

說明

　　要將根式化簡為「最簡根式」，主要技法是利用根式乘除的基本運算性質：(1) 當 $a\geq 0$，$b\geq 0$ 時，$\sqrt{a}\times\sqrt{b}=\sqrt{a\times b}$；(2) 當 $a\geq 0$，$b>0$ 時，

$\dfrac{\sqrt{a}}{\sqrt{b}} = \sqrt{\dfrac{a}{b}}$。考慮學生的個別能力差異，有時反璞歸真，回到正方形的面積與

邊長的關係思考，可以照顧得更周全。

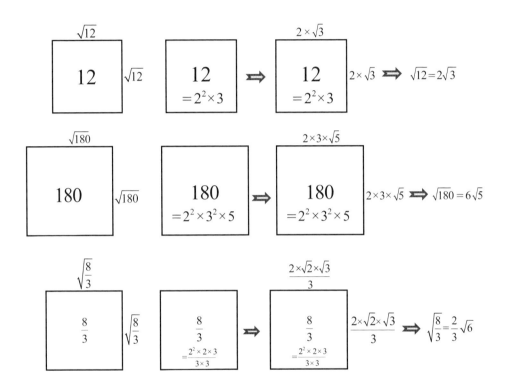

示例

　　某工廠製造 A、B 兩種產品，若製造一件 A 產品需使用甲原料 9 公斤、乙原料 3 公斤，可獲利 900 元；若製造一件 B 產品需使用甲原料 4 公斤、乙原料 10 公斤，可獲利 1100 元。今用完甲原料 350 公斤、乙原料 290 公斤，製造 A、B 兩種產品且無剩餘，請問總共可獲利多少元？

解答

　　設製造 A 產品共 a 件；B 產品共 b 件

$$\begin{cases} 9a + 4b = 350 \\ 3a + 10b = 290 \end{cases} \Rightarrow \begin{cases} 9a + 4b = 350 \\ 9a + 30b = 870 \end{cases} \Rightarrow 26b = 520 \Rightarrow b = 20 \text{，} a = 30$$

$$900 \times 30 + 1100 \times 20 = 27000 + 22000 = 49000$$

所以共可獲利 49000 元。

說明

　　本題的獲利雖然是解題目標，但以解題重點來說，它只能算是依附的條件，因為只要了解 A、B 兩種產品的製造件數，即可輕鬆求得總獲利。但一些閱讀理解比較弱的學生會被這種「雨在風中，風在雨裡」的情境所困，不是不知從何下手，就是像盲人摸象般亂解一通，所以教師教學時，可以請學生將真正要迎戰的首重之區標記下來。

　　某工廠製造 A、B 兩種產品，若製造一件 A 產品需使用甲原料 9 公斤、乙原料 3 公斤，可獲利 900 元；若製造一件 B 產品需使用甲原料 4 公斤、乙原料 10 公斤，可獲利 1100 元。今用完甲原料 350 公斤、乙原料 290 公斤，製造 A、B 兩種產品且無剩餘，請問總共可獲利多少元？

　　教學時，可以畫個簡略的解題「流程圖」，帶領學生由後往前思考，從「大處著眼」至「小處著眼」，最後找到從何「小處著手」。

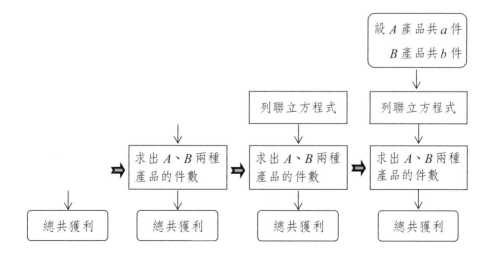

示例

請計算下列各式的值：(1) 2×3；(2) -2×3；(3) $2 \times (-3)$；(4) $-2 \times (-3)$。

解答

(1) $2 \times 3 = 6$；(2) $-2 \times 3 = -6$

(3) $2 \times (-3) = -6$；(4) $-2 \times (-3) = 6$。

說明

　　整數的乘法運算中，若出現負數的情況，在數學教學中有許多詮釋方式。我至少會在數線上表徵其運算意義，並強調一個數只要乘以負數，除非被乘數是零，否則不只會改變數的大小，而且會改變數的性質（即在數線上改變方向）。

(1) 正數 × 正數（例如：2×3）

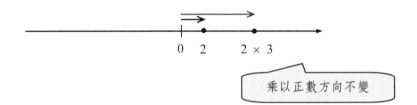

乘以正數方向不變

(2) 負數 × 正數（例如：-2×3）

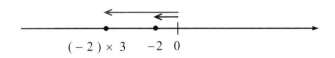

(3) 正數 × 負數（例如：$2 \times (-3)$）

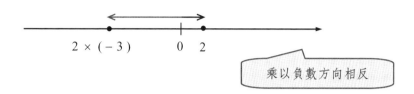

乘以負數方向相反

(4) 負數 × 負數（例如：$-2 \times (-3)$）

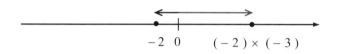

　　而「正正得正」、「正負得負」、「負正得負」、「負負得正」跟以下的語句神似。

「對」的答案答「對」是對的
「對」的答案答「錯」是錯的
「錯」的答案答「對」是錯的
「錯」的答案答「錯」是對的

正面朝上看到正面
正面朝下看到背面
背面朝上看到背面
背面朝下看到正面

示例

　　一桶水由水結成冰後，它的體積增加了 $\frac{1}{11}$；請問當冰化成水時，體積比冰減少了幾分之幾？

解答

減少率 = 減量 ÷ 減少前的量

設原來一桶水的水量為 1，結成冰後，它的體積增為 $1 \times (1 + \frac{1}{11}) = \frac{12}{11}$

$\frac{12}{11}$ 的冰化成 1 的水時，體積比冰減少了 $(\frac{12}{11} - 1) \div \frac{12}{11} = \frac{1}{11} \div \frac{12}{11} = \frac{1}{11} \times \frac{11}{12} = \frac{1}{12}$

所以當冰化成水時，體積比冰減少了 $\frac{1}{12}$。

說明

比來比去，比前比後，不少學生腦袋裡亂成一團，且充滿疑惑，或許可以使用圖像表徵輔助解說。

一桶水由水結成冰後，它的體積增加了 $\frac{1}{11}$（11 份會多 1 份，即 12 份）

一塊冰由冰化成水後，它的體積將會從 12 份減少為 11 份

所以一塊冰由冰化成水後，它的體積會減少 $(12-11) \div 12 = \frac{1}{12}$。

示例

　　雞、兔賽跑，如果雞走 7 步的時間，兔恰好跳了 6 步；雞走 5 步的距離，兔恰好跳了 4 步，請問雞、兔的行走速率比為何？

解答

$(7 \times \frac{1}{5}) : (6 \times \frac{1}{4}) = (7 \times 4) : (6 \times 5) = 28 : 30 = 14 : 15$

所以雞、兔的行走速率比為 14：15。

說明

先看雞、兔行走的步幅比（就是一步的距離長短比）

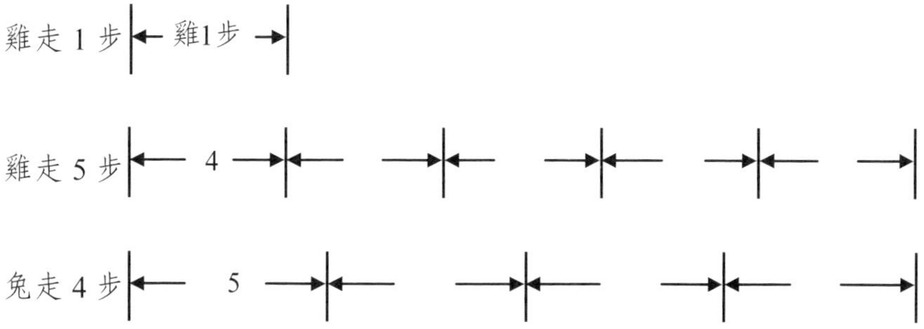

雞走 1 步 ← 雞1步 →

雞走 5 步 ← 4 →

兔走 4 步 ← 5 →

或者是

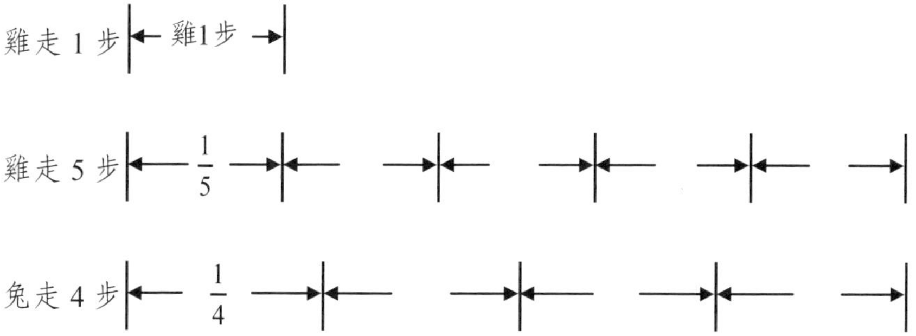

雞走 1 步 ← 雞1步 →

雞走 5 步 ← $\frac{1}{5}$ →

兔走 4 步 ← $\frac{1}{4}$ →

在雞、兔行走「相同時間」的情況下，牠們的「行走的距離」比為
(雞步數 × 雞一步距離)：(兔步數 × 兔一步距離)
$= (7 \times 4)：(6 \times 5) = 28：30 = 14：15$
所以雞、兔的行走速率比為 $14：15$。

主題二 通俗，可能不俗

示例

　　請計算下列各式之值爲何？

　　(1) $-10 + (-5) - (-7)$；(2) $8 - (-3) + (-6)$。

解答

　　(1) $-10 + (-5) - (-7) = -15 + 7 = -8$

　　(2) $8 - (-3) + (-6) = 8 + 3 + (-6) = 11 + (-6) = 5$。

說明

　　「減正」如同「加負」；「減負」如同「加正」，我曾以如下的活動增強學生的學習動機與加減運算的概念。

　　一人講「我吃」（表示「加」）或「你吃」（表示「減」）；另一人同時講「雞腿」（表示「正」）或「狗屎」（表示「負」）。

「加正」

「加負」

「減正」如同「加負」

「減負」如同「加正」

示例

(1) 若 | 甲 − 3 | + | 乙 + 4 | = 0，請問甲、乙之值為何？(2) 若 | 甲 + 3 | + | 乙 − 2 | + | 丙 + 6 | = 0，請問甲、乙、丙之值為何？

解答

(1) | 甲 − 3 | + | 乙 + 4 | = 0 ⇒ 甲 − 3 = 0，乙 + 4 = 0，所以甲 = 3，乙 = −4

(2) | 甲 + 3 | + | 乙 − 2 | + | 丙 + 6 | = 0 ⇒ 甲 + 3 = 0，乙 − 2 = 0，丙 + 6 = 0
所以甲 = −3，乙 = 2，丙 = −6。

說明

若 A、B、C、D 皆為實數，則以下關係恆成立：

1. 「口袋空空」的等式：

(1) $A^2 = 0 \Leftrightarrow A = 0$；(2) $|A| = 0 \Leftrightarrow A = 0$。

> 甲：請用「絕對值」造句。
> 乙：這幅畫絕對值50萬。

2.「兩手空空」的等式：

(1) $A^2 + B^2 = 0 \Leftrightarrow A = 0$，$B = 0$；

(2) $|A| + |B| = 0 \Leftrightarrow A = 0$，$B = 0$。

3.「三大皆空」的等式：

(1) $A^2 + B^2 + C^2 = 0 \Leftrightarrow A = 0$，$B = 0$，$C = 0$；

(2) $|A| + |B| + |C| = 0 \Leftrightarrow A = 0$，$B = 0$，$C = 0$。

4.「四大皆空」的等式：

(1) $A^2 + B^2 + C^2 + D^2 = 0 \Leftrightarrow A = 0$，$B = 0$，$C = 0$，$D = 0$；

(2) $|A| + |B| + |C| + |D| = 0 \Leftrightarrow A = 0$，$B = 0$，$C = 0$，$D = 0$。

給這些等式名稱，除了體現它的本質，也便於教師運用簡潔的言語表徵以及幫助學生聯想與記憶。

示例

已知多項式 $f(x)$ 與 $g(x)$，且 $f(x) = g(x)$，若 $f(x) = -7 + 5x^4 + 6x - 2x^2$，$g(x) = ax^4 + bx^3 + cx^2 + dx + e$，求 a、b、c、d、e 之值為何？

解答

$f(x) = g(x) \Rightarrow 5x^4 - 2x^2 + 6x - 7 = ax^4 + bx^3 + cx^2 + dx + e$

$\Rightarrow 5x^4 + 0x^3 - 2x^2 + 6x - 7 = ax^4 + bx^3 + cx^2 + dx + e$

所以 $a = 5$，$b = 0$，$c = -2$，$d = 6$，$e = -7$。

說明

將多項式 $f(x)$ 按降冪排列後，再依兩個多項式的恆等關係，而求得多項式 $g(x)$ 的各項係數。如果是剛開始學習這內容，教師可以畫兩座冰箱，然後高次項置於高處，低次項置於低處，也讓學生了解不同次方就不是同類項，而且從觀察擺放的位置，更懂得如何判斷次數的高低與相等。

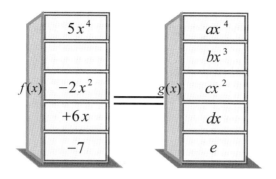

$$\therefore a = 5 \text{，} b = 0 \text{，} c = -2 \text{，} d = 6 \text{，} e = -7 \text{。}$$

示例

　　若 $3x^2 + 4x - 5 = a(x+1)(x-1) + b(x-1)(x-2) - (x-2)(x+1)$，其中 a、b、c 為常數，請問 $a - b$ 的值為何？

解答

$a(x+1)(x-1) + b(x-1)(x-2) - (x-2)(x+1)$

$= a(x^2 - 1) + b(x^2 - 3x + 2) - (x^2 - x - 2) = (a + b - 1)x^2 + (-3b + 1)x + (-a + 2b + 2)$

$\therefore 3x^2 + 4x - 5 = (a + b - 1)x^2 + (-3b + 1)x + (-a + 2b + 2)$

$\Rightarrow -3b + 1 = 4 \Rightarrow b = -1$，且 $a + b - 1 = 3 \Rightarrow a - 1 - 1 = 3 \Rightarrow a = 5$

$\therefore a - b = 5 - (-1) = 6 \text{。}$

解答

(1) 將 $x = 2$ 代入 $3x^2 + 4x - 5 = a(x+1)(x-1) + b(x-1)(x-2) - (x-2)(x+1)$

　　等式兩邊得 $3 \times 2^2 + 4 \times 2 - 5 = a(2+1)(2-1) + 0 \Rightarrow 15 = 3a \Rightarrow a = 5$

(2) 將 $x = -1$ 代入 $3x^2 + 4x - 5 = a(x+1)(x-1) + b(x-1)(x-2) - (x-2)(x+1)$

　　等式兩邊得 $3 \times (-1)^2 + 4 \times (-1) - 5 = 0 + b(-1-1)(-1-2) - 0$

　　$\Rightarrow -6 = 6b \Rightarrow b = -1$　　$\therefore a - b = 5 - (-1) = 6 \text{。}$

說明

　　多項式求係數的問題，除了可以「比較係數」解得，有時可考慮以某些特殊值代入文字，我將這種可以有效解題的方法稱為「**葵花點穴手**」〔（把全身的力量運用在手指上，在人身某幾處穴道上點一下，被點中穴位的人重則斃命，輕則傷殘）、（鎖住一點，控制全面）〕，它也是解決多項式求值問題的常用手法（如下舉例）。

舉例：若多項式 $6x^2 + 5x - 10$ 可以寫成 $a(x-1)^2 + b(x-1) + c$，其中 a、b、c 為常數，請問：(1) $a + b + c$ 之值為何？(2) $a - b + c$ 之值為何？

解答

(1) $6x^2 + 5x - 10 = a(x-1)^2 + b(x-1) + c$

將 $x = 2$ 代入等式左右兩邊　　　　　　看我的「葵花點穴手」

可得 $6 \times 2^2 + 5 \times 2 - 10 = a + b + c \Rightarrow a + b + c = 24$。

(2) $6x^2 + 5x - 10 = a(x-1)^2 + b(x-1) + c$

將 $x = 0$ 代入等式左右兩邊　　　　　　看我的「葵花點穴手」

可得 $6 \times 0^2 + 5 \times 0 - 10 = a - b + c \Rightarrow a - b + c = -10$。

示例

計算 $\dfrac{2}{1 \times 3} + \dfrac{2}{3 \times 5} + \cdots\cdots + \dfrac{2}{27 \times 29}$ 之值為何？

解答

$$\dfrac{2}{1 \times 3} + \dfrac{2}{3 \times 5} + \cdots\cdots + \dfrac{2}{27 \times 29}$$

$$= (\dfrac{1}{1} - \dfrac{1}{3}) + (\dfrac{1}{3} - \dfrac{1}{5}) + \cdots\cdots + (\dfrac{1}{27} - \dfrac{1}{29})$$

$$= 1 - \dfrac{1}{3} + \dfrac{1}{3} - \dfrac{1}{5} + \cdots\cdots - \dfrac{1}{27} + \dfrac{1}{27} - \dfrac{1}{29} = 1 - \dfrac{1}{29} = \dfrac{28}{29}。$$

說明

　　「分項對消」是中學數學常見的解題類型，將式子中的一項分成幾項，再重新組合，以達到化繁為簡的目的。我將這種解法另稱為 **「化骨綿掌」** （一種極為難練的陰毒功夫，被擊中的人開始渾然不覺，但幾個時辰後掌力發作，全身骨骼軟如綿，接著處處斷裂，直到殘留血肉屍塊），也就是一個數分裂成幾個數，最後留下的所剩無幾。以下是包括 **「化骨綿掌」** 以及 **「瞬間炸裂」** 的表徵過程。

$$\frac{2}{1\times 3}+\frac{2}{3\times 5}+\cdots\cdots+\frac{2}{27\times 29}=(\frac{1}{1}-\frac{1}{3})+(\frac{1}{3}-\frac{1}{5})+\cdots\cdots+(\frac{1}{27}-\frac{1}{29})$$

$$=1+(-\frac{1}{3}+\frac{1}{3}+\frac{1}{5}+\cdots\cdots-\frac{1}{27}+\frac{1}{27})-\frac{1}{29}$$

看我的「化骨綿掌」

$$=1-\frac{1}{29}=\frac{28}{29}\quad。$$

$$\frac{2}{1\times 3}+\frac{2}{3\times 5}+\cdots\cdots+\frac{2}{27\times 29}=(\frac{1}{1}-\frac{1}{3})+(\frac{1}{3}-\frac{1}{5})+\cdots\cdots+(\frac{1}{27}-\frac{1}{29})$$

$$=1+(-\frac{1}{3}\quad BOOM \quad+\frac{1}{27})-\frac{1}{29}$$

看我的「瞬間炸裂」

$$=1-\frac{1}{29}=\frac{28}{29}\quad。$$

$$\frac{2}{1\times 3}+\frac{2}{3\times 5}+\cdots\cdots+\frac{2}{27\times 29}=(\frac{1}{1}-\frac{1}{3})+(\frac{1}{3}-\frac{1}{5})+\cdots\cdots+(\frac{1}{27}-\frac{1}{29})$$

乾坤大挪移

$$=1+\frac{1}{3}+\frac{1}{5}+\cdots\cdots+\frac{1}{25}+\frac{1}{27}$$

看我的「化骨綿掌」

$$-\frac{1}{3}-\frac{1}{5}-\cdots\cdots-\frac{1}{25}-\frac{1}{27}-\frac{1}{29}=1-\frac{1}{29}=\frac{28}{29}\quad。$$

示例

(1) 化簡 $|5-3|+|-5-3|-|7-11|$ 的值為何？

(2) 化簡 $\left|\dfrac{1}{3}-\dfrac{1}{2}\right|+\left|\dfrac{1}{4}-\dfrac{1}{3}\right|+\left|\dfrac{1}{5}-\dfrac{1}{4}\right|+\left|\dfrac{1}{6}-\dfrac{1}{5}\right|+\left|\dfrac{1}{7}-\dfrac{1}{6}\right|$ 之值為何？

解答

(1) $|5-3|+|-5-3|-|7-11|=|2|+|-8|-|-4|=2+8-4=6$

(2) $\dfrac{1}{2}-\cancel{\dfrac{1}{3}}+\cancel{\dfrac{1}{3}}-\cancel{\dfrac{1}{4}}+\cancel{\dfrac{1}{4}}-\cancel{\dfrac{1}{5}}+\cancel{\dfrac{1}{5}}-\cancel{\dfrac{1}{6}}+\cancel{\dfrac{1}{6}}-\dfrac{1}{7}=\dfrac{1}{2}-\dfrac{1}{7}=\dfrac{7-2}{14}=\dfrac{5}{14}$。

說明

(1) $|5-3|+|-5-3|-|7-11|=|2|+|-8|-|-4|=2+8-4=6$

先算清楚絕對值內部，再去絕對值，最後求得結果，這樣的解題三部曲為「**內部瓦解；外部摧毀；全部殲滅**」。

(2) $\dfrac{1}{2}-\cancel{\dfrac{1}{3}}+\cancel{\dfrac{1}{3}}-\cancel{\dfrac{1}{4}}+\cancel{\dfrac{1}{4}}-\cancel{\dfrac{1}{5}}+\cancel{\dfrac{1}{5}}-\cancel{\dfrac{1}{6}}+\cancel{\dfrac{1}{6}}-\dfrac{1}{7}=\dfrac{1}{2}-\dfrac{1}{7}=\dfrac{7-2}{14}=\dfrac{5}{14}$

不急於計算絕對值內部，考慮先刪去絕對值（結果不為負），再利用相反數性質化簡結果，這樣的解題三部曲為「**內部沉睡；外部摧毀；全部殲滅**」。

示例

如下圖，有塊四邊形 $ABCD$ 的草地，王先生想在內部蓋一座休憩涼亭，使涼亭到步道 $\overline{BC}$、$\overline{CD}$ 的距離相等，且到 A、D 兩點的距離也相等，請利用尺規作圖畫出涼亭的位置。

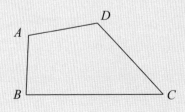

作法

(1) 作 $\overline{AD}$ 的中垂線 L；(2) 作 $\angle BCD$ 的角平分線 M

(3) 設直線 L 與直線 M 交於點 P；(4) 點 P 的位置即為所求之涼亭位置。

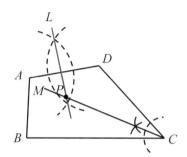

說明

　我試圖以平實的說法美化「基本尺規作圖」的表象。

(1) 一刀兩斷（段）：作 $\overline{AB}$ 的中垂線以及過直線外一點 P 作此直線的垂線。

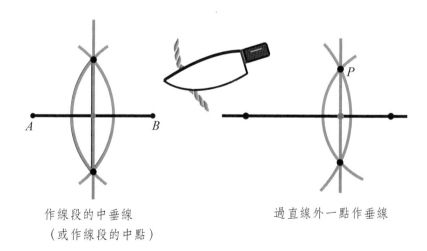

作線段的中垂線　　　　　　過直線外一點作垂線
（或作線段的中點）

(2) 持弓搭箭：過直線上一點作垂線、過直線外一點作垂線以及作一個角的
　　分角線。

過直線上一點作垂線　　過直線外一點作垂線　　作一個角的分角線

示例

(1) 國偉從家裡到學校，若全程坐車要花 30 分鐘；全程走路要花 5 小時，某日國偉上學共花了 48 分鐘，請問他坐車花了多少分鐘？(2) 甲、乙同時跑同一條路線從圖書館回到教室，甲花了 12 秒，乙花了 10 秒，若兩人各自以固定的速度跑步，請問跑了多少秒時，甲距教室的路程是乙的 2 倍？

解答

(1) 設全程為 1，則坐車 1 分鐘前進 $\dfrac{1}{30}$，走路 1 分鐘行進 $\dfrac{1}{300}$

設國偉坐車 x 分鐘，走路 $(48 - x)$ 分鐘

$\dfrac{x}{30} + \dfrac{48 - x}{300} = 1 \Rightarrow 10x + 48 - x = 300$

$9x = 252 \Rightarrow x = 28$，所以坐車花了 28 分鐘。

(2) 設圖書館與教室間的路程為 1

所以甲、乙 1 秒鐘各跑了此段路程的 $\dfrac{1}{12}$ 與 $\dfrac{1}{10}$

設兩人跑 x 秒時，甲距教室的路程是乙的 2 倍

$\therefore 1 - \dfrac{x}{12} = 2(1 - \dfrac{x}{10}) \Rightarrow 60 - 5x = 120 - 12x \Rightarrow 7x = 60 \Rightarrow x = \dfrac{60}{7}$

所以兩人跑 $\dfrac{60}{7}$ 秒時，甲距教室的路程是乙的 2 倍。

說明

確實「速度容易讓人迷失」，所以在時機適當的情況下，教師在講解這類型的問題時可以考慮圖示說明，以提升學生理解狀況。有時多作一個圖，多講一句話，可以拯救好幾位茫然若失的學生。

(1)

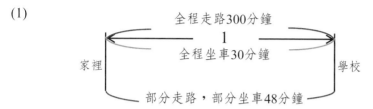

(2)

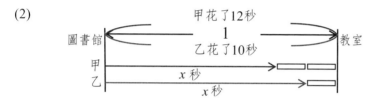

示例

請問以下兩個數的科學記號為何？
(1) 3600000000；(2) 0.00000041。

解答

(1) $3600000000 = 36 \times 10^8 = 3.6 \times 10^9$

(2) $0.00000041 = 41 \times 0.00000001 = 4.1 \times 10^{-7}$。

說明

小數點向左移 1 個位值，原數會縮小為 10 分之 1 倍（即 10^{-1} 倍）；向左移 2 個位值，原數會縮小為 10^2 分之 1 倍（即 10^{-2} 倍）；……，所以必須乘以 10、10^2、……，才會與原數值相等。

小數點向右移 1 個位值，原數會放大為 10 倍；向右移 2 個位值，原數會放大為 10^2 倍；……，所以必須乘以 10^{-1}、10^{-2}、……，才會與原數值相等。

一個正數寫成科學記號，「一縮一放，打回原樣」，也就是值並沒有改

變。

(1)

$$3600000000 = \boxed{} \times 10^{\boxed{}}$$

向左跑，數會縮小

終點線　　　　　起跑點

$$3600000000 = \boxed{3.6} \times 10^{\boxed{9}}$$

縮小×放大

終點線　　　　　起跑點

(2)

$$0.00000041 = \boxed{} \times 10^{\boxed{}}$$

向右跑，數會放大

起跑點　　　　　終點線

$$0.00000041 = \boxed{4.1} \times 10^{\boxed{-7}}$$

放大×縮小

起跑點　　　　　終點線

示例

請化簡 $(6x^3 - 2x + 1) - (2x^2 + x + 6) - (x^3 - 5x^2 + 2x - 4)$ 爲何？（以降冪表示）

解答

原式 $= 6x^3 - 2x + 1 - 2x^2 - x - 6 - x^3 + 5x^2 - 2x + 4$

$= 6x^3 - x^3 - 2x^2 + 5x^2 - 2x - x - 2x + 1 - 6 + 4$

$= (6-1)x^3 + (-2+5)x^2 + (-2-1-2)x + (1-6+4)$

$= 5x^3 + 3x^2 - 5x - 1$。

說明

為了讓一些對數學比較不感興趣的學生多留點心在課堂上以及知道次方不同的項不是同類項，無法進一步化簡，於是有時我會以貼近學生生活經驗的方式，將 x^3 項比喻成「大杯奶茶」，x^2 項比喻成「中杯奶茶」，x 項比喻成「小杯奶茶」，而將常數項比喻成「空杯子」，也希望透過「實物」，讓學生輕鬆學會分類與整理多項式。

$$6x^3 - x^3 - 2x^2 + 5x^2 - 2x - x - 2x + 1 - 6 + 4$$

$$= (6-1)\ x^3 + (-2+5)\ x^2 + (-2-1-2)\ x + (1-6+4) = 5x^3 + 3x^2 - 5x - 1$$

大杯奶茶　中杯奶茶　　小杯奶茶　　空杯子

示例

若 $2 \times 4 \times (3^2+1) \times (3^4+1) \times (3^8+1) = 3^n - 1$，且 n 為正整數，請問 n 值為多少？

解答

$$2 \times 4 \times (3^2+1) \times (3^4+1) \times (3^8+1) = (3-1) \times (3+1) \times (3^2+1) \times (3^4+1) \times (3^8+1)$$

$$= (3^2-1) \times (3^2+1) \times (3^4+1) \times (3^8+1) = (3^4-1) \times (3^4+1) \times (3^8+1)$$

$$= (3^8-1) \times (3^8+1) = 3^{16} - 1，所以 n = 16。$$

說明

我將以上的運算式如以下方式呈現，學生問我：「為什麼要那樣寫？」我說我在「收天線」，但你們只要弄懂就好，沒必要這樣寫，太占空間。

$$2 \times 4 \times (3^2+1) \times (3^4+1) \times (3^8+1)$$

$$= (3-1) \times (3+1) \times (3^2+1) \times (3^4+1) \times (3^8+1)　（天線共有五節）$$

$$= (3^2 - 1) \times (3^2 + 1) \times (3^4 + 1) \times (3^8 + 1) \quad (\text{收成四節})$$

$$= (3^4 - 1) \times (3^4 + 1) \times (3^8 + 1) \quad (\text{收成三節})$$

$$= (3^8 - 1) \times (3^8 + 1) \quad (\text{收成二節})$$

$$= (3^{16} - 1) \quad (\text{最後收成一節})$$

示例

設 $xyz \neq 0$，且 $\dfrac{2}{xy} = \dfrac{3}{yz} = \dfrac{6}{xz}$，求 $x : y : z$ 為何？

解答

將 $\dfrac{2}{xy} = \dfrac{3}{yz} = \dfrac{6}{xz}$ 各式同乘以 $\dfrac{xyz}{6}$

$\Rightarrow \dfrac{2}{xy} \times \dfrac{xyz}{6} = \dfrac{3}{yz} \times \dfrac{xyz}{6} = \dfrac{6}{xz} \times \dfrac{xyz}{6} \Rightarrow \dfrac{z}{3} = \dfrac{x}{2} = \dfrac{y}{1}$

$\therefore x : y : z = 2 : 1 : 3$。

說明

當 $abc \neq 0$，則連比 $a : b : c = 1 : 2 : 3$ 等價於 $\dfrac{a}{1} = \dfrac{b}{2} = \dfrac{c}{3}$ 或 $\dfrac{1}{a} = \dfrac{2}{b} = \dfrac{3}{c}$，所以這道問題中將三個代數式同乘以 $\dfrac{xyz}{6}$，即是為了作式子的轉換，也就是欲將原式的三個分子都變成單一代表數，三個分母都變成整數。

由於「老鷹抓小雞」（老鷹會抓走地面的小雞）與「鱷魚吞小鳥」（鱷魚會吞噬水面的小鳥），為了增強學生學習動力，我將整個式子轉換過程描述成「天上的老鷹抓走地面的小雞、水面下的鱷魚吞噬水面上的小鳥。」

老鷹 xyz 抓小雞 xy、yz、xz

$$\dfrac{2}{xy} \times \dfrac{xyz}{6} = \dfrac{3}{xz} \times \dfrac{xyz}{6} = \dfrac{6}{xz} \times \dfrac{xyz}{6}$$

鱷魚 **6** 吞小鳥 **2**、**3**、**6**

$$\frac{\cancel{2}}{xy} \times \frac{xyz}{\cancel{6}_3} = \frac{\cancel{3}}{yz} \times \frac{xyz}{\cancel{6}_2} = \frac{\cancel{6}}{xz} \times \frac{xyz}{\cancel{6}_1}$$

示例

　　已知 a、b、c、d 為實數，且 $a-3=b+2=c+1=d-2$，請比較 a、b、c、d 的大小關係為何？

解答

令 $a-3=b+2=c+1=d-2=k$

$\Rightarrow a=k+3$，$b=k-2$，$c=k-1$，$d=k+2$ ∴ $a>d>c>b$。

說明

　　問題真的很簡單，但只聽一次應該還有人不太懂，因為有人只要看到數學式子就討厭，只要看到那麼多代表數，就有恐懼感。倘若教師沒能事先設想，課堂間想唾手可得一個既簡潔又有效的表徵來幫助學生，有時並沒有想像中容易。以下的圖示，乍看之下好像不錯，但只是換個方式寫以上的數學式子，親和力稍嫌不足，對少數學生來說，吸引力恐怕仍是有限。

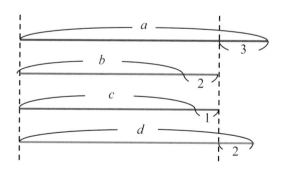

　　以下利用身高變化的解說方式，我認為比較貼近學生生活經驗，是一種可以拉某些學生一把，更「平易近人」、「俗擱有力」的表徵方式。

教師在黑板上畫出一條水平線，代表數 a、b、c、d 轉換成四個人量身高，發現如果要剛好觸及這條水平線的高度，a 必須變矮 3 公分，b 必須再長高 2 公分，c 必須再長高 1 公分，d 必須變矮 2 公分。

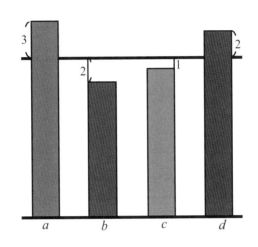

示例

　　某一平年中的 x 月有 y 天，則 x 與 y 之間對應關係如下表，請問 y 是否為 x 的函數？x 是否為 y 的函數？

x	1	2	3	4	5	6	7	8	9	10	11	12
y	31	28	31	30	31	30	31	31	30	31	30	31

解答

　　因為給定每一個 x 值都恰有一個 y 值對應，所以 y 是 x 的函數。

　　但是當給 y 值是 31 時，對應得出的 x 值有 1、3、5、7、8、10、12 共 7 個，所以 x 不是 y 的函數。

說明

　　函數的判別法則：假設 x、y 表示變數，若給定任意符合條件的 x 值，都恰有一個 y 值對應，則稱 y 是 x 的函數。所以在 x 對應至 y 的關係中，若

是「一對一」或「多對一」，則 y 是 x 的函數；若是「一對多」或「一對無」，則 y 不是 x 的函數。

記得初任教職時的教學風格，走的是校園路線，跟學生介紹函數有兩種對應模式，會說函數的對應像「打果汁」，如果用一種水果打出果汁，就是「一對一」對應；如果用好幾種水果打出果汁，就是「多對一」對應。

過了一些年之後，發現學習成就低落的班級學生，根本不吃這一套。為了迎合他們的口味，改走社會路線，因此以「打架」比喻函數，打架必勝只有兩種模式，一種是一個打一個的「一對一」對應；另一種是很多個打一個的「多對一」對應。但過沒多久，就不敢亂比喻了，除了認為它對學習成效毫無助益外，也擔心引發暴力事端。

我認為在說明 y 是否為 x 的函數的舉例中，材料越平實，越接近學生的生活經驗是較好的（如以上的問題與解答內容），若是任舉一些考題中的例子作說明，恐怕會落得「出師未捷身先死」的下場。以下「姓名與座號」、「姓名與血型」的對應關係，教師可參考作為學生初學函數觀念時的舉例材料。

舉例：如果老師任意進入一個有三十個學生（座號為1～30）的教室做調查，請問該班的「學生姓名」是否為「座號」的函數？「座號」是否為「學生姓名」的函數？

當給定一個座號，必然恰有一個學生姓名，所以「學生姓名」為「座號」的函數。但因為存在同名同姓的可能情況，所以當給定一個姓名，說不定出現不同座號的狀況，所以「座號」未必為「學生姓名」的函數。

第一種情況（沒有同名同姓）：

學生姓名	座號
王小明 ⟶	1
曾正強 ⟶	2
⋮	⋮
吳小花 ⟶	15
⋮	⋮
嚴夏雲 ⟶	30
「座號」是「學生姓名」的一對一函數	

座號	學生姓名
1 ⟶	王小明
2 ⟶	曾正強
⋮	⋮
15 ⟶	吳小花
⋮	⋮
30 ⟶	嚴夏雲
「學生姓名」是「座號」的一對一函數	

第二種情況（有同名同姓）：

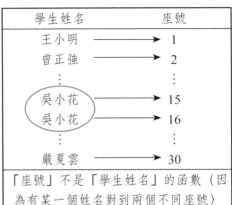

座號		學生姓名
1	⟶	王小明
2	⟶	曾正強
⋮		
15	⟶	吳小花
16	⟶	吳小花
⋮		
30	⟶	嚴夏雲

「學生姓名」是「座號」的一對一函數

學生姓名		座號
王小明	⟶	1
曾正強	⟶	2
⋮		⋮
吳小花	⟶	15
吳小花	⟶	16
⋮		⋮
嚴夏雲	⟶	30

「座號」不是「學生姓名」的函數（因為有某一個姓名對到兩個不同座號）

舉例：如果教師任意進入一個有三十個學生（座號為1～30）的教室做調查，請問該班的「學生座號」是否為「血型」的函數？「血型」是否為「學生座號」的函數？

　　當給定一個座號，必然恰有一個血型，所以「血型」為「學生姓名」的函數。但因為班上有三十個學生，所以一定有不少學生同血型，因此若請該種血型的學生舉手，必定不只一位學生舉手，也就是說給定某一種血型，會不只對應出一個座號，故「學生座號」不為「血型」的函數。

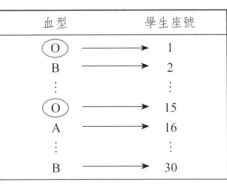

學生座號		血型
1	⟶	O
2	⟶	B
⋮		⋮
15	⟶	O
16	⟶	A
⋮		⋮
30	⟶	B

「血型」是「學生座號」的一對一函數

血型		學生座號
O	⟶	1
B	⟶	2
⋮		⋮
O	⟶	15
A	⟶	16
⋮		⋮
B	⟶	30

「學生座號」不是「血型」的函數（因為「O型」對到不只一個「學生座號」）

此外，學生初學一次函數時，若教師安排材料時，能多結合學生的生活經驗，相信可以提高整體學生的學習動機與成效。例如：有一場投籃機的計分賽，每人比賽時間 1 分鐘，前 45 秒每進一球得 2 分，後 15 秒每進一球得 3 分。所以若前 45 秒進 x 球，則進球數與得分數的關係可記為 $f(x) = 2x$；若後 15 秒進 x 球，則進球數與得分數的關係可記為 $g(x) = 3x$。

示例

請判斷以下圖 (1) 至圖 (5) 中，有哪幾個圖形滿足 y 是 x 的函數？

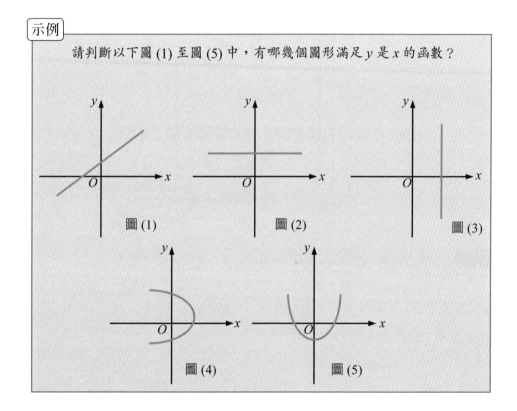

圖 (1)

圖 (2)

圖 (3)

圖 (4)

圖 (5)

解答

若 y 是 x 的函數，則給定任意符合條件的 x 值，都恰有一個 y 值對應，所以只要任畫與 x 軸垂直的一條直線，皆恰與圖形相交於一點，則 y 是 x 的

函數。故圖 (1)、(2)、(5) 三個圖形，滿足 y 是 x 的函數。

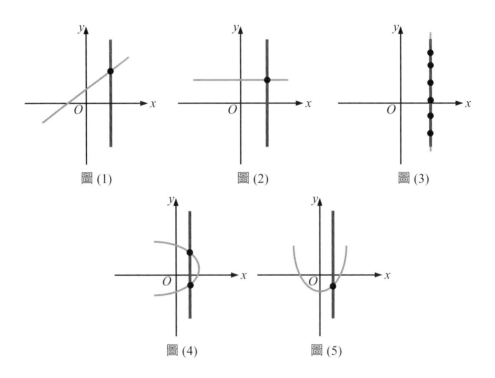

圖 (1)　　　　　　圖 (2)　　　　　　圖 (3)

圖 (4)　　　　　　圖 (5)

說明

　　因為只要任畫與 x 軸垂直的一條直線，皆恰與圖形相交於一點，則 y 是 x 的函數，於是我將這種判別法簡稱為「**放縱一點**」法。

　　而且我會以通俗的觀點將線型函數（$y = ax + b$）分成以下三種類型：

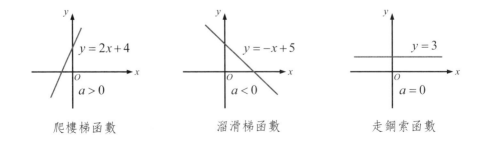

　　　爬樓梯函數　　　　　　溜滑梯函數　　　　　　走鋼索函數

示例

已知 $a = 2\sqrt{5} - \sqrt{15}$，$b = 3\sqrt{2} - \sqrt{13}$，$c = 4\sqrt{2} - 3\sqrt{3}$，請比較 a、b、c 的大小關係為何？

解答

$a = 2\sqrt{5} - \sqrt{15} = \sqrt{20} - \sqrt{15}$，$b = 3\sqrt{2} - \sqrt{13} = \sqrt{18} - \sqrt{13}$，

$c = 4\sqrt{2} - 3\sqrt{3} = \sqrt{32} - \sqrt{27}$

$$\frac{1}{a} = \frac{1}{\sqrt{20} - \sqrt{15}} = \frac{\sqrt{20} + \sqrt{15}}{(\sqrt{20} - \sqrt{15})(\sqrt{20} + \sqrt{15})} = \frac{\sqrt{20} + \sqrt{15}}{5}$$

$$\frac{1}{b} = \frac{1}{\sqrt{18} - \sqrt{13}} = \frac{\sqrt{18} + \sqrt{13}}{(\sqrt{18} - \sqrt{13})(\sqrt{18} + \sqrt{13})} = \frac{\sqrt{18} + \sqrt{13}}{5}$$

$$\frac{1}{c} = \frac{1}{\sqrt{32} - \sqrt{27}} = \frac{\sqrt{32} + \sqrt{27}}{(\sqrt{32} - \sqrt{27})(\sqrt{32} + \sqrt{27})} = \frac{\sqrt{32} + \sqrt{27}}{5}$$

$\because \dfrac{1}{c} > \dfrac{1}{a} > \dfrac{1}{b} > 0$　　$\therefore b > a > c$。

說明

根式的分母有方根時，必須透過有理化分母使分母不帶方根，這是為了「方根的加減運算」做準備，這時就必須藉由分母的「共軛方根」（或稱兩者互為「共軛」）以助一臂之力。$a + \sqrt{b}$ 與 $a - \sqrt{b}$ 即為「共軛方根」；但「共軛」太背離現實，有時我也會使用「**榫頭卯眼**」的說法，讓學生了解從古沿用至今的建築智慧。

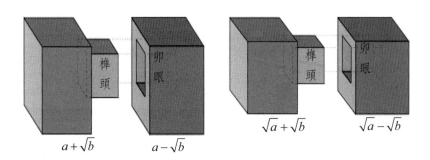

示例

　　求下列不等式的解？(1) $2x + 1 \geq 17$；(2) $-8 \leq 3x + 19 < 31$。

解答

(1) $2x + 1 \geq 17 \Rightarrow 2x \geq 16$　∴ $x \geq 8$

(2) $-8 \leq 3x + 19 < 31 \Rightarrow -8 - 19 \leq 3x + 19 - 19 < 31 - 19$

　　$\Rightarrow -27 \leq 3x < 12$　∴ $-9 \leq x < 4$。

說明

　　第 (1) 題只有一個不等號，我稱它為「披薩型」的不等式，第 (2) 題有兩個不等號，我稱它為「漢堡型」的不等式，給它們取名稱是為了讓教師更好表達，學生更好理解。

(1) $2x > 7$，$3x \leq -16$，$-4x \geq 10$，……「披薩型」的不等式

(2) $-18 \leq 3x < 15$，$2 \leq 3x - 2 \leq x - 16$，$2 < -5x - 1 < 24$，……「漢堡型」的不等式

示例

　　(1) 解不等式 $-1 < 3x + 2 \leq 8$；(2) 若 $-1 \leq x < 6$，求 $-4x - 5$ 的範圍為何？

解答

(1) $-1 < 3x + 2 \leq 8 \Rightarrow -1 - 2 < 3x \leq 8 - 2$

　　$\Rightarrow -3 < 3x \leq 6$，所以 x 的解為 $-1 < x \leq 2$

(2)$-1 \leq x < 6 \Rightarrow 4 \geq -4x > -24$

$\quad 4 - 5 \geq -4x - 5 > -24 - 5 \Rightarrow -1 \geq -4x - 5 > -29$

$\quad$ 所以 $-29 < -4x - 5 \leq -1$。

說明

　　一個「漢堡型」的不等式，若其代表數只存在於兩個不等號之間的代數式，則只要利用類似「等量公理」的運作模式，就可將兩個不等號之間的代數式變得只有 x 項（即不等式的解），我稱此運作方式為「金蟬脫殼」。反之，若一個「漢堡型」的不等式已是解的形式，欲求得某個 x 的代數式的範圍，同樣也只要利用類似「等量公理」的運作模式即可求得，我稱此運作方式為「作繭自縛」。

$$-1 < 3x + 2 \leq 8$$
$$\Rightarrow -1 - 2 < 3x \leq 8 - 2$$
$$\Rightarrow -3 < 3x \leq 6$$
$$\therefore -1 < x \leq 2$$

金蟬脫殼
（貴妃脫衣）

$$-1 \leq x < 6$$
$$\Rightarrow 4 \geq -4x > -24$$
$$\Rightarrow 4 - 5 \geq -4x - 5 > -24 - 5$$
$$\Rightarrow -1 \geq -4x - 5 > -29$$
$$\therefore -29 < -4x - 5 \leq -1$$

作繭自縛
（貴妃穿衣）

　　此外，一個不等式的兩邊，若同時乘除一個負數時，則不等關係會轉變，也就是「大於」會轉為「小於」，「小於」會轉為「大於」，但是只要遇到這種狀況，每次都要跟學生說：「你們看，乘以負數喔！所以大於的符號要變成小於⋯⋯」，我認為這樣的語句頻繁又冗贅，為了讓學生好記、老師好講，我會教他們一句話：「**乘除負數，大魚回頭做好事，小魚轉身來相助。**」所以之後只要遇到這種狀況，我和學生都會說：「大於要回頭」或「小於要轉身」。

(1) $2 > 1$，則 $2 \times (-3) < 1 \times (-3)$

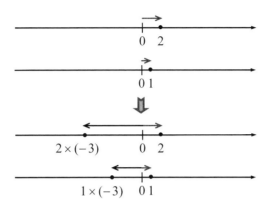

期望愈多，失望愈多；期望愈少，失望愈少。

(2) $-5 < -2$，則 $(-5) \times (-3) > (-2) \times (-3)$

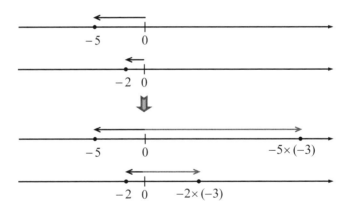

示例

請證明：

(1) $(a+b)^2 = a^2 + 2ab + b^2$；

(2) $(a+b+c)^2 = a^2 + b^2 + c^2 + 2ab + 2bc + 2ac$。

解答

(1) $(a+b)^2 = (a+b)(a+b) = a^2 + ab + ab + b^2 = a^2 + 2ab + b^2$

$(2)\,(a+b+c)^2 = [(a+b)+c]^2 = (a+b)^2 + 2(a+b)\times c + c^2$

$= a^2 + 2ab + b^2 + 2ac + 2bc + c^2 = a^2 + b^2 + c^2 + 2ab + 2bc + 2ac \,\text{。}$

說明

一般教材除了以「乘法對加法的分配律」驗證這兩個公式的成立性外，也常用「面積的分合關係」來輔助說明。

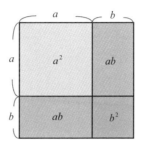

但我覺得若能把「式子的運算」與「圖形的分合」並行演示（如下呈現），更能讓學生看出兩者的密切關係，並增添趣味。

$(a+b)^2 = (a+b)(a+b)$

$= a^2 + 2ab + b^2$

除此之外，我也會視學習狀況補充如下圖示的「正方形成長史」。

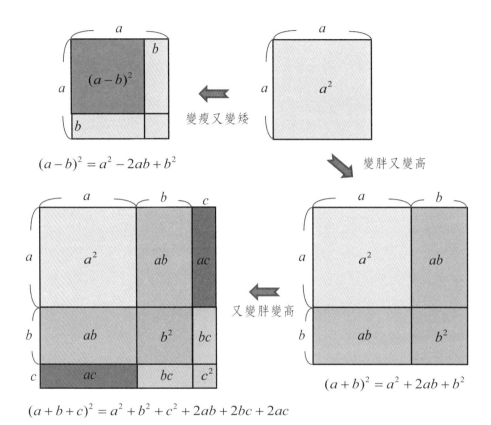

$$(a-b)^2 = a^2 - 2ab + b^2$$

變瘦又變矮

變胖又變高

又變胖變高

$$(a+b)^2 = a^2 + 2ab + b^2$$

$$(a+b+c)^2 = a^2 + b^2 + c^2 + 2ab + 2bc + 2ac$$

　　對於「$(a+b+c)^2 = a^2 + b^2 + c^2 + 2ab + 2bc + 2ac$」在教學上證明過程的呈現方式，我會多畫一個如下「綁在一起」的小圖，意思就是「集體行動」，有時也會找三位學生針對不同的「綁在一起」同時到黑板上作運算，以了解學生是否全然理解，並讓學生感受數學環環相扣之理，縱使走的路有所不同，但都可以到達目的地。

甲生：

綁在一起

$$(\widehat{a+b}+c)^2 = [(a+b)+c]^2 = (a+b)^2 + 2(a+b) \times c + c^2$$

$$= a^2 + 2ab + b^2 + 2ac + 2bc + c^2 = a^2 + b^2 + c^2 + 2ab + 2bc + 2ac$$

乙生：

綁在一起

$(a + b + c)^2 = [a + (b + c)]^2 = a^2 + 2a \times (b + c) + (b + c)^2$

$= a^2 + 2ab + 2ac + b^2 + 2bc + c^2 = a^2 + b^2 + c^2 + 2ab + 2bc + 2ac$

丙生：

綁在一起

$(a + b + c)^2 = [(a + c) + b)]^2 = (a + c)^2 + 2(a + c) \times b + b^2$

$= a^2 + 2ac + c^2 + 2ab + 2bc + b^2 = a^2 + b^2 + c^2 + 2ab + 2bc + 2ac$。

示例

(1) 當 $x = 1$，$y = -2$ 時，請問 $4x - 10y$ 之值爲何？(2) 當 $2x - 5y = 23$ 時，請問 $6x - 15y$ 之值爲何？(3) 若 $3x - 5y = 23$，$x = 4\frac{3}{5}$，請問 $4x - 15y$ 之值爲何？

解答

(1) 將 $x = 1$，$y = -2$ 代入 $4x - 10y$

可得 $4x - 10y = 4 \times 1 - 10 \times (-2) = 4 + 20 = 24$

(2) $6x - 15y = 3(2x - 5y)$

將 $2x - 5y = 23$ 代入 $6x - 15y$

可得 $6x - 15y = 3(2x - 5y) = 3 \times 23 = 69$

(3) 將 $x = 4\frac{3}{5}$ 代入 $3x - 5y = 23$

可得 $3 \times \frac{23}{5} - 5y = 23 \Rightarrow 5y = -\frac{46}{5} \Rightarrow y = -\frac{46}{25}$

$\therefore 4x - 15y = 4 \times \frac{23}{5} - 15 \times (-\frac{46}{25}) = \frac{230}{5} = 46$。

說明

數學解題很像「踩石渡河」，有時踩了很多石頭才能成功過河，有時只要踩幾塊就能到達河的對岸。若從教學的觀點來看，只要是可以過河的方法，大多值得了解與學習。而且只要學生解對，不管是抄捷徑，還是走彎

路，老師應該盡可能地給予鼓勵和讚美，其中有一個很大的理由是，走捷徑固然比較快，但找到捷徑所花的時間可能比走某些固定的遠路來得多，所以在面臨「絕處逢生」的關頭，可以正確解決問題的方法都是好方法。

　　本題的三個小題，解題目標都是求算式的值，有的是用「單一代表數（子彈）的值」求算式的值，有的是用「算式的值」（手榴彈）求算式的值。

(1) 用「代表數的值」求算式的值，好像「用子彈消滅敵人」一樣。

$$4x - 10y = 4 \times (1) - 10 \times (-2) = 4 + 20 = 24$$

不同的子彈

(2) 用「算式的值」求算式的值，好像「用手榴彈消滅敵人」一樣。

$$6x - 15y = 3(2x - 5y) = 3 \times 23 = 69$$

(3) 這題可以手榴彈和子彈並用消滅敵人。

$$4x - 15y = 3(3x - 5y) - 5x = 3 \times 23 - 5 \times \frac{23}{5} = 46$$

主題三 跳脫框架，看見不一樣的美

示例

請寫出 1 到 100 之間的所有質數？

解答

2、3、5、7、11、13、17、19、23、29、31、37、41、43、47、53、59、61、67、71、73、79、83、89、97，共有 25 個。

說明

曾因擔心學生在考慮這些常用質數時，發生「多寫」、「少寫」或「誤判」的情事，於是幫他們想了一個口訣「世事餓而饍，惡而善而已」（世間的大小事，無非就是餓了就吃，做不好的事把它做好而已），並說：「若有需要就可以考慮記起來」，其實這個教學作為，以增添學生學習樂趣的成分居多。

範圍	1-9	10-19	20-29	30-39	40-49	50-59	60-69	70-79	80-89	90-99
質數	2 3 5 7	11 13 17 19	23 29	31 37	41 43 47	53 59	61 67	71 73 79	83 89	97
個數	4	4	2	2	3	2	2	3	2	1
口訣	世	事	餓	而	饍	惡	而	善	而	已

示例

解方程式 $\frac{1}{5}\{\frac{1}{4}[\frac{1}{3}(\frac{1}{2}x+1)+2]+3\}=4$ 的解為何？

解答

$$\frac{1}{5}\{\frac{1}{4}[\frac{1}{3}(\frac{1}{2}x+1)+2]+3\}=4$$

等號兩邊同乘以 5，推得 $\frac{1}{4}[\frac{1}{3}(\frac{1}{2}x+1)+2]+3=20$

等號兩邊同減 3，推得 $\frac{1}{4}[\frac{1}{3}(\frac{1}{2}x+1)+2]=17$

等號兩邊同乘以 4，推得 $\frac{1}{3}(\frac{1}{2}x+1)+2=68$

等號兩邊同減 2，推得 $\frac{1}{3}(\frac{1}{2}x+1)=66$

等號兩邊同乘以 3，推得 $\frac{1}{2}x+1=198$

等號兩邊同減 1，推得 $\frac{1}{2}x=197$，所以 $x=394$。

說明

　　如果題型是選擇題或填空題，則解這道方程式的未知數，猶如「甕中抓鱉」一樣，可以用縮小包圍圈的方式求得，教師也可依據班級或學生條件，補充這種解題方式。

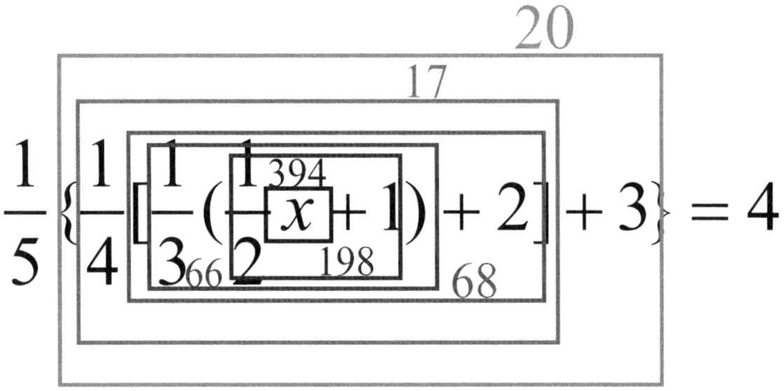

$$\frac{1}{5}\{\frac{1}{4}[\frac{1}{3}(\frac{1}{2}(x+1))+2]+3\}=4$$

（圖中標示：20、17、394、x、198、66、68）

示例

請問聯立方程式 $\begin{cases} x+64y=528 \cdots\cdots(1) \\ 64x+y=1032 \cdots\cdots(2) \end{cases}$ 之解爲何？

解答

第 (1) 式 + 第 (2) 式 $\Rightarrow 65x + 65y = 1560 \Rightarrow x + y = 24$

第 (2) 式 − 第 (1) 式 $\Rightarrow 63x - 63y = 504 \Rightarrow x - y = 8$

$\therefore \begin{cases} x + y = 24 \cdots\cdots(3) \\ x - y = 8 \cdots\cdots(4) \end{cases}$

第 (3) 式 + 第 (4) 式 $\Rightarrow 2x = 32 \Rightarrow x = 16 \Rightarrow y = 8$

所以 $x = 16$，$y = 8$ 是原聯立方程式的解。

說明

　　以上是一個「對稱型」的二元一次聯立方程式，主要利用到係數成對稱的關係，所以採用一加、一減的「巧搭」技巧，使得解法變得脈絡分明而迅捷有力。如果能以如下的圖示呈現，並配合「本來殘缺不全，後來花好月圓」的語文表徵，也能讓學生感受到這個解法內蘊的思考之美。

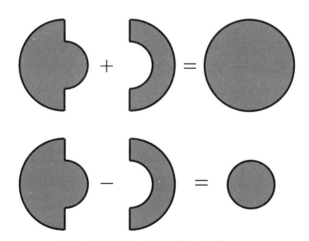

本來殘缺不全，後來花好月圓

示例

　　請在坐標平面上，畫出以下二元一次聯立方程式圖解：

$(1) \begin{cases} x - y = 0 \\ x + y = 2 \end{cases}$；$(2) \begin{cases} x + y = 1 \\ 2x + 2y = 2 \end{cases}$；$(3) \begin{cases} x + y = 1 \\ x + y = -1 \end{cases}$。

解答

(1) $\begin{cases} x - y = 0 \\ x + y = 2 \end{cases}$ 的解為 $(x , y) = (1 , 1)$

　　圖形為兩條直線的交點 $(1 , 1)$

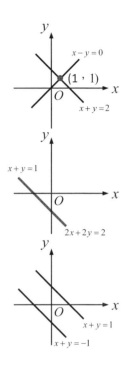

(2) $\begin{cases} x + y = 1 \\ 2x + 2y = 2 \end{cases}$ 的解為無限多組解

　　圖形為兩條直線重合（無限多個交點）

(3) $\begin{cases} x + y = 1 \\ x + y = -1 \end{cases}$ 的解為無解

　　圖形為兩條直線平行（沒有交點）。

說明

　　教師若要呈現二元一次聯立方程式的圖解類型，可以視情況表徵得更細膩，或加入一些趣味的元素，讓學生記錄在筆記本上。

解的類型	恰有一組解	無限多組解	無解
舉例	$\begin{cases} x - y = 0 \\ x + y = 2 \end{cases}$	$\begin{cases} x + y = 1 \\ 2x + 2y = 2 \end{cases}$	$\begin{cases} x + y = 1 \\ x + y = -1 \end{cases}$
圖解			

解的類型	恰有一組解	無限多組解	無解
係數關係	$\frac{1}{1} \neq \frac{-1}{1}$	$\frac{1}{2} = \frac{1}{2} = \frac{1}{2}$	$\frac{1}{1} = \frac{1}{1} \neq \frac{1}{-1}$
圖形關係	兩條直線相交於一點	兩條直線重合（無限多個交點）	兩條直線互相平行（沒有交點）
生活觀點	你我相逢在黑夜的海上，你有你的，我有我的方向，你記得也好，最好你忘掉，在這交會時互放的光亮。（〈偶然〉／徐志摩）	我的就是你的，你的就是我的。 Word just need, need just word.	我的不是你的，你的不是我的。 Word bus need, need bus word.

示例

　　如圖，有個水瓶正立與倒立時，瓶內的液面分別對齊 300c.c. 與 200 c.c. 的刻度，請問整個瓶子共可裝水多少 c.c. ？

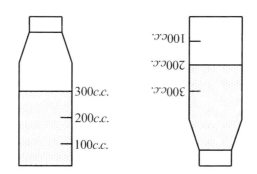

解答

　　由正立的水瓶，可知瓶內的水有 300c.c. ；由倒立的水瓶，可知瓶內尚有容量 200c.c. 的空間，300 + 200 = 500，所以整個瓶子共可裝水 500c.c.。

說明

　　教學時，可如下圖以不同色彩的「等號」相接，並表達「空還是空，色還是色」是為了凸顯兩者雖然形狀不同，但所占空間大小相等。

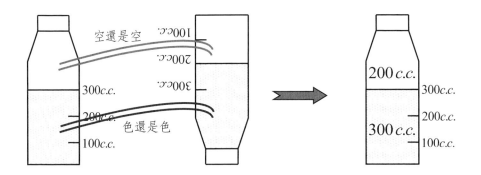

示例

　　(1) 化簡 $2(3x-1)-3(x+2)$ 的結果爲何？(2) 化簡 $(a+2b)(-a+b)$ 的結果爲何？

解答

(1) $2(3x-1)-3(x+2) = 6x-2-3x-6$
　　$= (6-3)x-2-6 = 3x-8$。

(2) $(a+2b)(-a+b) = a(-a+b)+2b(-a+b) = -a^2+ab-2ab+2b^2$
　　$= -a^2-ab+2b^2$。

說明

　　如果時機適當，教師可以準備四張大小適中的磁鐵板，接著在黑板上選擇一處寫出這個算式，並在其右側再寫一次，然後取兩張磁鐵板遮住左側算式的「-1」與「$+2$」，且計算出結果爲 $3x$；再取兩張磁鐵板遮住右側算式的兩個「x」項，這樣的教法，主要是強化學生看得開（分得開）x 項與常數的能力。

$$2(3x \quad) - 3(x \quad) \qquad 2(\quad -1) - 3(\quad +2)$$
$$= 6x - 3x = 3x \qquad = -2 - 6 = -8$$

$$2(3x-1) - 3(x+2) = 3x - 8$$

$$(a \quad)(-a+b) = a(-a+b)$$

⬇

$$(\quad +2b)(-a+b) = 2b(-a+b)$$

⬇

$$(a+2b)(-a+b) = a(-a+b) + 2b(-a+b)$$
$$= -a^2 + ab - 2ab + 2b^2 = -a^2 - ab + 2b^2$$

示例

化簡 $4 \times \{3 \times [2 \times (3x-1) - 5 \times (x-1)] + (-2x+1)\}$ 的結果為何?

解答

$4 \times \{3 \times [2 \times (3x-1) - 5 \times (x-1)] + (-2x+1)\}$
$= 4 \times \{3 \times (6x-2-5x+5) + (-2x+1)\} = 4 \times \{3 \times (x+3) + (-2x+1)\}$
$= 4 \times (3x+9-2x+1) = 4 \times (x+10) = 4x+40$。

說明

我稱以下的教法為「**兩隻老虎**」,必須視學生的條件與學習成效妥善使用。

$$4 \times \{3 \times [2 \times (\boxed{} - 1) - 5 \times (\boxed{} - 1)] + (\boxed{} + 1)\}$$
$$= 4 \times \{3 \times (-2 + 5) + 1\} = 4 \times 10 = 40$$

一隻沒有耳朵

一隻沒有尾巴

$$4 \times \{3 \times [2 \times (3x\boxed{}) - 5 \times (x\boxed{})] + (-2x\boxed{})\}$$
$$= 4 \times \{3 \times (6x - 5x) - 2x\} = 4 \times (3x - 2x) = 4x$$

示例

計算 $(-4\frac{3}{4} - 3\frac{1}{2}) - [(-5\frac{1}{4}) + 1\frac{1}{3}]$ 之值為何?

解答

$$(-4\frac{3}{4} - 3\frac{1}{2}) - [(-5\frac{1}{4}) + 1\frac{1}{3}] = -4\frac{3}{4} - 3\frac{1}{2} + 5\frac{1}{4} - 1\frac{1}{3}$$

$$= -4\frac{9}{12} - 3\frac{6}{12} + 5\frac{3}{12} - 1\frac{4}{12} = -3 + \frac{-9 - 6 + 3 - 4}{12} = -3 + \frac{-16}{12} = -4\frac{1}{3} \text{。}$$

說明

以下是「睜一隻眼，閉一隻眼」的教法。

$$(-4\frac{3}{4} - 3\frac{1}{2}) - [(-5\frac{1}{4}) + 1\frac{1}{3}] = -4\frac{3}{4} - 3\frac{1}{2} + 5\frac{1}{4} - 1\frac{1}{3}$$

$$= (-4 - 3 + 5 - 1) + (-\frac{3}{4} - \frac{1}{2} + \frac{1}{4} - \frac{1}{3}) = -3 + \frac{-16}{12} = -4\frac{1}{3} \text{。}$$

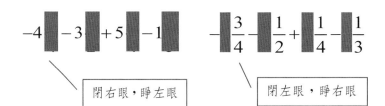

$$-4\boxed{} - 3\boxed{} + 5\boxed{} - 1\boxed{} \qquad -\boxed{}\frac{3}{4} - \boxed{}\frac{1}{2} + \boxed{}\frac{1}{4} - \boxed{}\frac{1}{3}$$

閉右眼，睜左眼

閉左眼，睜右眼

示例

　　百貨公司年終折扣戰登場了，今天來店購買二件物品，就可選擇其中一件打六折優惠。小玉買了一件上衣和一條裙子，如果她選擇上衣打六折，則共需付 640 元；如果她選擇裙子打六折，則共需付 720 元。如果在沒有打折優惠的情況下，請問購買一件上衣與一條裙子共需花多少錢？

解答

設沒有優惠時，一件上衣 x 元，一條裙子 y 元

$$\begin{cases} \dfrac{3}{5}x + y = 640 \\ x + \dfrac{3}{5}y = 720 \end{cases}$$

兩式相加 $\Rightarrow \dfrac{8}{5}x + \dfrac{8}{5}y = 1360$

等號兩邊同乘以 $\dfrac{5}{8}$ 可得 $x + y = 1360 \times \dfrac{5}{8} = 850$，所以共需花 850 元。

說明

　　教師可以預先練習畫簡單的女性上衣和裙子，教學時用畫圖的方式呈現未知數，也能為些許沉悶的數學課堂注入清新、活潑氣息。

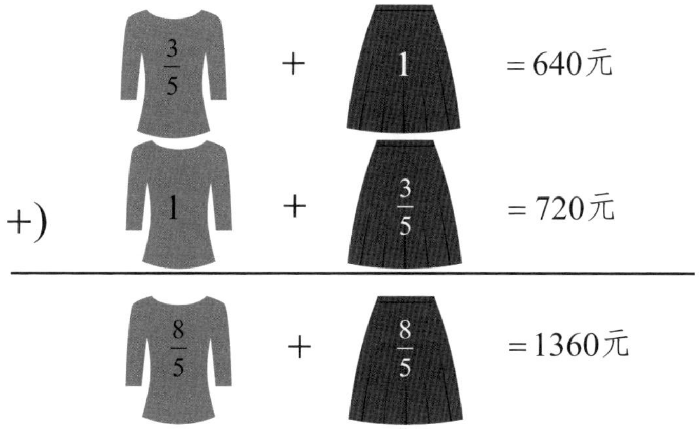

示例

一個由邊長 20 的正方形以及半徑為 20 的四個弧所組成的圖形（如右圖），請問圖中陰影區域的面積為多少平方單位？

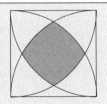

解答

將圖中的部分圖形編號為①～⑧：

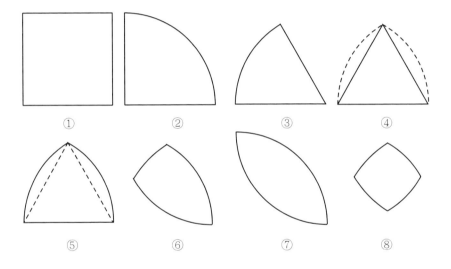

⑤的面積＝（③的面積的 2 倍）減去（④的面積）

$$= \pi \times 20^2 \times \frac{1}{6} \times 2 - \frac{\sqrt{3}}{4} \times 20^2 = \frac{400}{3}\pi - 100\sqrt{3}$$

⑥的面積＝（⑤的面積的 2 倍）減去（②的面積）

$$= (\frac{400}{3}\pi - 100\sqrt{3}) \times 2 - \pi \times 20^2 \times \frac{1}{4} = \frac{500}{3}\pi - 200\sqrt{3}$$

⑦的面積＝（②的面積的 2 倍）減去（①的面積）

$$= \pi \times 20^2 \times \frac{1}{4} \times 2 - 20^2 = 200\pi - 400$$

⑧的面積＝（⑥的面積的 2 倍）減去（⑦的面積）

$$= (\frac{500}{3}\pi - 200\sqrt{3}) \times 2 - (200\pi - 400) = \frac{400}{3}\pi + 400 - 400\sqrt{3}$$

所以陰影區域的面積為$(\frac{400}{3}\pi + 400 - 400\sqrt{3})$平方單位。

說明

　　以上的解法顯得條理分明，尤其將解題需要用到的圖形畫出並予以編號，除了讓學生很容易找到該圖形，算式的表徵也非常簡潔，它也是我擔任教學工作大概前十五年期間，每當學生問起這道問題時，必定會使用的解法。

　　只是曾經為了增加教學趣味性，並希望讓學生更容易記住這個解法，於是將前面⑤～⑧四個圖形分別給予「帳篷」、「子彈」、「眼睛」、「豬肉」的名稱，並且編個簡單的小故事（如以下內容），讓學生更自然地記住解題步驟的先後次序。

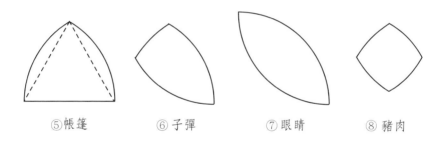

⑤帳篷　　　　　⑥子彈　　　　　⑦眼睛　　　　　⑧豬肉

　　阿猛經常利用假日，一人到野地露營。今天黑夜來得早，他吃了帶來的晚餐後，已準備入睡。不久，他聽到了極不尋常的聲音，才一轉身，赫然發現一隻大山豬闖進了他的 帳篷 。他立刻拿起身旁的短槍朝牠射擊， 子彈 精準地貫穿山豬的 眼睛 ，牠發出悲慘的哀嚎，沒多久就一命嗚呼了！

　　剛才的一幕讓阿猛驚魂未定，為了生命安全著想，他決定今晚不睡了，乾脆烤 豬肉 來吃。（故事摘要：山豬闖入 帳篷 ， 子彈 貫穿牠的 眼睛 ，享受 豬肉 大餐。）

　　只是又教了一些年後發現了更快的解法，但還是覺得之前的教法挺好的，也或許受到那個小故事的影響，便決定加寫續集，並將新增的圖形取名為「營釘」（就是固定帳篷的帳篷釘），而新的圖形編號、故事續集與解法

如下:

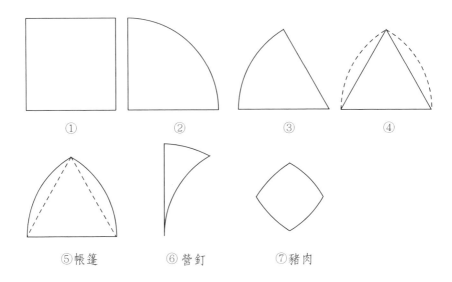

① ② ③ ④

⑤帳篷   ⑥營釘   ⑦豬肉

為了避免昨晚恐怖事件再度發生，接近中午之前，阿猛收拾 帳篷 、 營釘 及其他物品，並把 豬肉 打包，就趕忙啟程回家了。（故事摘要：收拾 帳篷 、 營釘 、 豬肉 ，趕快啟程回家。）

⑤的面積＝（③的面積的 2 倍）減去（④的面積）

$$=\pi \times 20^2 \times \frac{1}{6} \times 2 - \frac{\sqrt{3}}{4} \times 20^2 = \frac{400}{3}\pi - 100\sqrt{3} \text{（帳篷）}$$

⑥的面積＝（②的面積）減去（⑤的面積）

$$=\pi \times 20^2 \times \frac{1}{4} - (\frac{400}{3}\pi - 100\sqrt{3}) = 100\sqrt{3} - \frac{100}{3}\pi \text{（營釘）}$$

⑦的面積＝（①的面積）減去（⑥的面積的 4 倍）

$$=20^2 - (100\sqrt{3} - \frac{100}{3}\pi) \times 4 = \frac{400}{3}\pi + 400 - 400\sqrt{3} \text{（豬肉）}$$

所以陰影區域的面積為$(\frac{400}{3}\pi + 400 - 400\sqrt{3})$平方單位。

示例

如圖，請以 x 表示四邊形 $BEDF$ 的面積為何？

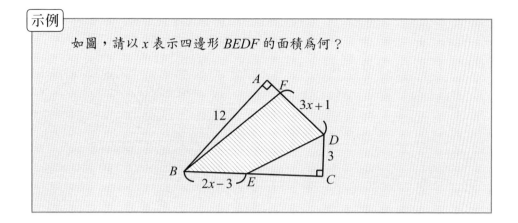

解答

(1) 連 $\overline{BD}$

(2) 四邊形 $BEDF$ 面積 $= \Delta BDF$ 面積 $+ \Delta BDE$ 面積

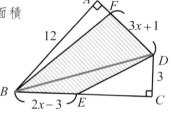

$$= \frac{1}{2} \times 12(3x+1) + \frac{1}{2} \times 3(2x-3)$$

$$= 18x + 6 + 3x - \frac{9}{2} = 21x + \frac{3}{2}$$

所以四邊形 $BEDF$ 的面積為 $(21x + \frac{3}{2})$ 平方單位。

說明

對於這道問題，我會跟學生表示在自己的教學生涯中，見過學生的解決之道有以下三條路：

第一條：失敗之路（連錯輔助線，但絕不放棄，失敗為成功之母）

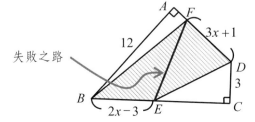

第二條：成功之路（連對輔助線，且正確解得答案）

(1) 連 $\overline{BD}$

(2) 四邊形 $BEDF$ 面積 $= \Delta BDF$ 面積 $+ \Delta BDE$ 面積

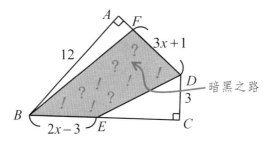

$$= \frac{1}{2} \times 12(3x+1) + \frac{1}{2} \times 3(2x-3)$$

$$= 18x + 6 + 3x - \frac{9}{2} = 21x + \frac{3}{2}$$

所以四邊形 $BEDF$ 的面積為 $(21x + \frac{3}{2})$ 平方單位。

第三條：暗黑之路（一片迷茫，自暴自棄）

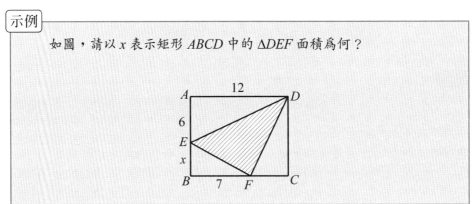

示例

如圖，請以 x 表示矩形 $ABCD$ 中的 ΔDEF 面積為何？

解答

ΔDEF 面積 $=$ 矩形 $ABCD$ 面積 $- \Delta EBF$ 面積 $- \Delta DAE$ 面積 $- \Delta DCF$ 面積

$$= 12(6+x) - \frac{1}{2} \times 7x - \frac{1}{2} \times 12 \times 6 - \frac{1}{2} \times (12-7)(6+x)$$

$$= 72 + 12x - \frac{7}{2}x - 36 - 15 - \frac{5}{2}x = 6x + 21$$

所以 ΔDEF 面積為 $(6x+21)$ 平方單位。

解答

ΔDEF 面積 = 梯形 $BCDE$ 面積 − ΔEBF 面積 − ΔDCF 面積

$$= \frac{1}{2} \times [x + (6+x)] \times 12 - \frac{1}{2} \times 7x - \frac{1}{2} \times (12-7)(6+x)$$

$$= 12x + 36 - \frac{7}{2}x - 15 - \frac{5}{2}x = 6x + 21，所以 \Delta DEF 面積為 (6x+21) 平方單位。$$

說明

　　雖然以上第一種與第二種解法的道理不難，但若教學時機適當，還是可以考慮用圖像表徵其面積關係。

「旁敲側擊」：計算 ΔDEF 以外的圖形面積，再以全部面積扣除之。

「旁敲側擊」：計算 ΔDEF 以外的圖形面積，再以全部面積扣除之。

利用「**旁敲側擊**」雖然效果很好，但若「**正面迎擊**」，也就是先將 ΔDEF 分割成三個三角形，再將其中的 ΔDEG 與 ΔDGF 作等積轉換（如下圖右），這時就能知道所求面積是矩形 $ABCD$ 面積的一半再減去 ΔMGN 面積。

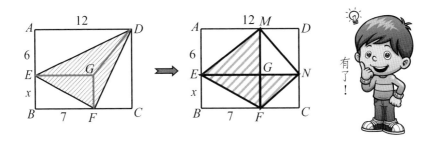

ΔDEF 面積 = (矩形 $ABCD$ 面積) $\times \dfrac{1}{2} - \Delta MGN$ 面積

$= \dfrac{1}{2} \times 12 \times (6 + x) - \dfrac{1}{2} \times 5 \times 6 = 6x + 21$

所以 ΔDEF 面積為 $(6x + 21)$ 平方單位。

示例

如圖，O 是 ΔABC 的外心，I 是 ΔABC 的內心，且 $\overline{AB} = \overline{AC}$，若 $\angle A = 40°$，請問 $\angle OBI$ 的度數為何？

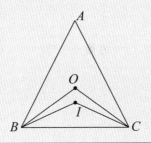

解答

$$\angle BOC = 2 \times \angle A = 2 \times 40° = 80°$$

$$又 \overline{AB} = \overline{AC} \Rightarrow \overline{OB} = \overline{OC}$$

$$\therefore \angle OBC = (180° - 80°) \div 2 = 50°$$

$$又 \angle IBC = (180° - 40°) \div 2 \div 2 = 35°$$

$$\therefore \angle OBI = 50° - 35° = 15°。$$

說明

　　講解這道問題時，一般都會在黑板上呈現幾何圖形。因為當有兩個心出現時，我還會加上文字，而且通常我會把內心塗成紅色，外心塗成黃色，重心塗成綠色。教學時多個字、多點色彩，學生從中會看到老師的「用心」。

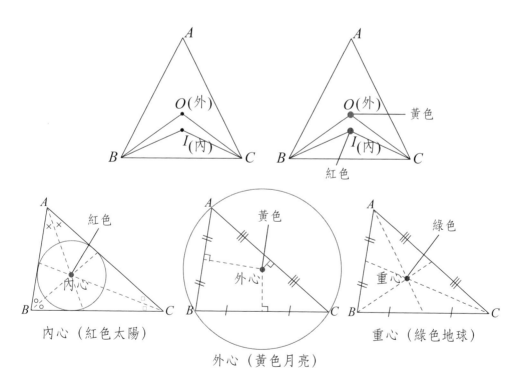

內心（紅色太陽）

外心（黃色月亮）

重心（綠色地球）

　　偶爾我會張貼一家「三心醫院」（虛設的）的公告，主要目的是為了幫助少數學生更容易記住「內心是三角形三（或兩）內角平分線的交點；外心是三角形三（或兩）邊中垂線的交點；重心是三角形三（或兩）中線的交點」。

眼皮下(垂)	臀部下(垂)	(外)科
眼[角]抽動	嘴[角]抽動	[內]科
中毒	中彈	重症

　　而且為了讓學生感受「三心連線」的欣喜，我曾發給每位學生一張畫有兩個等腰三角形的學習單，其中一個頂角大於 60 度，另一個頂角小於 60 度，讓每位學生以尺規作圖畫出內心、外心與重心，希望學生從操作中更加認識三者的位置關係。

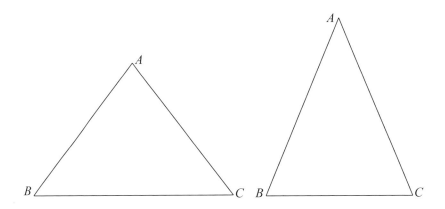

　　經過實作，學生將會發現除了之前認識的「正三角形的三心會重合，等腰三角形的三心會共線（皆落在底邊的中垂線上）」的情形外，現在又更深一層的認識「頂角 $\angle BAC > 60°$ 的等腰三角形，內心 I、外心 O、重心 G 在中垂線 $\overleftrightarrow{AD}$ 的排列次序為 A、I、G、O；頂角 $\angle BAC < 60°$ 的等腰三角形，內心 I、外心 O、重心 G 在中垂線 $\overleftrightarrow{AD}$ 的排列次序為 A、O、G、I」（如下頁圖）。

　　有時給學生安排一個真實體驗，勝過老師口沫橫飛以及千言萬語。可以鼓勵學生利用課餘時間再多畫個不同於學習單上頂角度數的等腰三角形，並找出其三心位置。從實作體驗中將會發現，除了正三角形以外，其他不管頂角大於 60 度或小於 60 度，重心總是被「內」「外」夾攻。老師也可以把這樣的結果所帶給自己的人生啟示與學生分享──「生命的重心，動靜總在內外之間。」

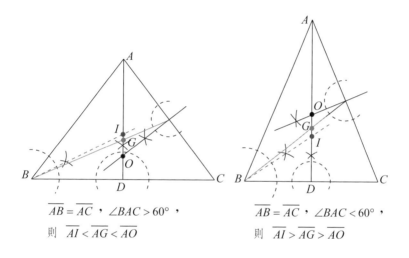

$\overline{AB} = \overline{AC}$，$\angle BAC > 60°$，
則 $\overline{AI} < \overline{AG} < \overline{AO}$

$\overline{AB} = \overline{AC}$，$\angle BAC < 60°$，
則 $\overline{AI} > \overline{AG} > \overline{AO}$

示例

　　如圖，$\overline{AC}$ 與 $\overline{BD}$ 相交於 E，若 $\angle DAC = \angle B$，$\overline{AD} = 12$，$\overline{DE} = 8$，請問 $\overline{BE}$ 的長為何？

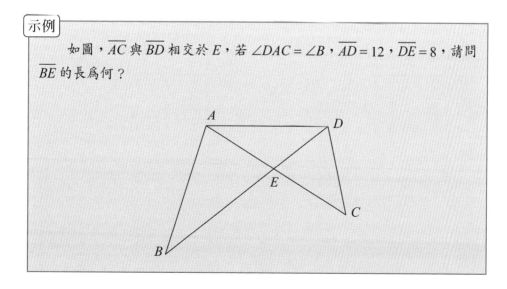

解答

∵ $\angle DAE = \angle B$，$\angle ADE = \angle ADB \Rightarrow \Delta DAE \sim \Delta DBA$（$AA$ 相似）

∴ $\overline{AD} : \overline{BD} = \overline{DE} : \overline{AD} \Rightarrow 12 : \overline{BD} = 8 : 12 \Rightarrow \overline{BD} = 18$

故 $\overline{BE} = \overline{BD} - \overline{DE} = 18 - 8 = 10$。

說明

　　除了以分解方式表現圖形關係外，也可以如下的方式，在圖形內部塗上花樣，但最好給予簡單情境的說明，可吸引學生的專注度，並提高圖形辨識力。以下內部畫滿細斜線的是「下小雨的三角形」，畫滿小圓圈的是「下冰雹的三角形」，甚至偶爾「耍酷」一下，在證明書寫內容中的「△」符號上也可塗上花樣，但要提醒學生，那是老師教學專用。

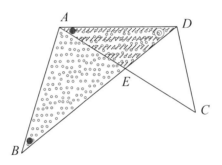

∵ $\angle DAE = \angle B$，$\angle ADE = \angle ADB \Rightarrow$ △$DAE \sim$ △DBA（AA 相似）

∴ $\overline{AD} : \overline{BD} = \overline{DE} : \overline{AD} \Rightarrow 12 : \overline{BD} = 8 : 12 \Rightarrow \overline{BD} = 18$

故 $\overline{BE} = \overline{BD} - \overline{DE} = 18 - 8 = 10$。

示例

　　如圖，若正方形 $ABCD$ 的邊長為 5 公分，請問長方形 $AEFG$ 的面積為何？

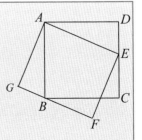

解答

(1) 連 $\overline{BE}$

(2) 長方形 $AEFG$ 的面積 ＝ $\triangle ABE$ 面積 × 2

正方形 $ABCD$ 面積 ＝ $\triangle ABE$ 面積 × 2

⇒ 長方形 $AEFG$ 的面積＝正方形 $ABCD$ 面積

故長方形 $AEFG$ 的面積 ＝ 5 公分 × 5 公分 ＝ 25 平方公分。

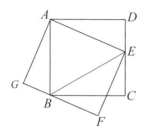

說明

　　這道問題牽涉到一個到達平行四邊形等級的四邊形，其「一半面積」的各種常見情況，以下算是很普遍且不言可喻的圖示，而教師在講解這道問題前，一般是要建構學生具有這樣的先備知識，若懂了這個知識，則弄懂以上解法的比例應該是很高的。

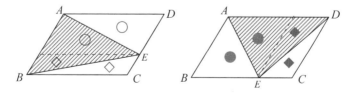

　　不過為了讓學生上數學課感受到更多數學學習之美，可以用彩色粉筆把 $\triangle ABE$ 內部塗滿（如下頁圖），讓它像一塊抹茶蛋糕、一塊巧克力蛋糕、或一塊甘甜多汁的西瓜，讓人印象深刻，原來數學圖形這麼美味，看了讓人好想流眼淚。

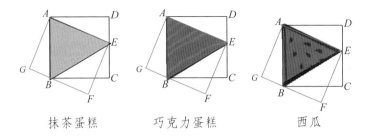

抹茶蛋糕　　　　巧克力蛋糕　　　　西瓜

示例

　　將一條繩子緊緊圈住三枚伍圓硬幣,如圖所示。若伍圓硬幣的半徑是 1 公分,請問圈住這三枚硬幣的繩子長度是多少公分?

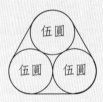

解答

將三枚硬幣的圓心當成 Q_1、Q_2、Q_3

由圖可知:$\overline{AB} = \overline{Q_1Q_2} = 1 + 1 = 2$(公分), $\overline{CD} = \overline{Q_2Q_3} = 1 + 1 = 2$(公分),

$\overline{EF} = \overline{Q_1Q_3} = 1 + 1 = 2$(公分),所以 $\Delta Q_1Q_2Q_3$ 是正三角形

$\Rightarrow \angle AQ_1F = \angle BQ_2C = \angle DQ_3E = 360° - 90° - 90° - 60° = 120°$

$\Rightarrow$ 三個弧長和恰等於一個半徑為 1 公分的圓周長(如下右圖)

2 公分 × 3 + π × 2 公分 = $(6 + 2\pi)$ 公分

所以圈住這三枚硬幣的繩子長度為 $(6 + 2\pi)$ 公分。

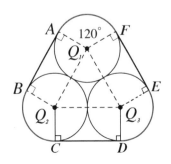

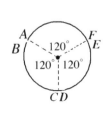

說明

　　針對這道問題，我曾經在黑板上畫圖解說時，為了增進學生印象，刻意將三條等長的公切線段移至正$\Delta Q_1 Q_2 Q_3$的三個邊上，並將三個等半徑且度數皆為 120 度的弧拼成一個圓，然後跟學生說：「超優惠，一個三角飯糰，再附上一碗熱呼呼的味噌湯，只要 15 元。」

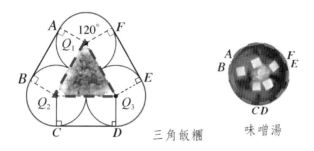

三角飯糰　　味噌湯

　　又過了一些年後，我將這道問題的解程改製成電腦教學簡報，其動畫呈現步驟如下（線段以綠色呈現；弧線以紅色呈現），最後還寫上「青山依舊在，幾度夕陽紅」。

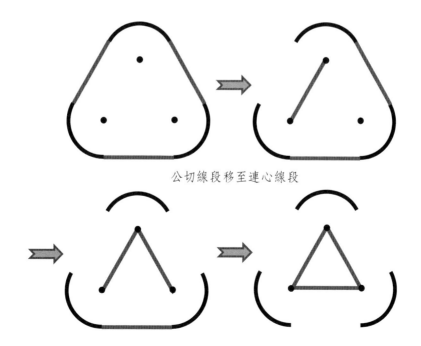

公切線段移至連心線段

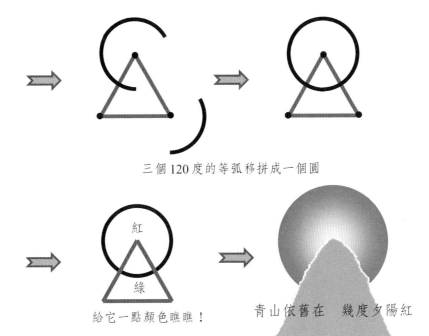

三個 120 度的等弧移拼成一個圓

給它一點顏色瞧瞧！

青山依舊在　幾度夕陽紅

示例

　　甲、乙兩人在鐵路旁邊背向而行，速度都是每小時 3.6 公里。此時恰有一列火車等速地向甲迎面駛來，列車從甲身旁開過花了 15 秒鐘，而後在乙身邊開過花了 17 秒鐘，請問這列火車的總長度爲何？

解答

甲、乙兩人的行走速度為 $\dfrac{3.6 \times 1000}{60 \times 60} = 1$（公尺／秒）

設火車的速度為每秒 x 公尺 $\Rightarrow \overline{17(x-1)} = \underline{15(x+1)}$

$\Rightarrow 2x = 32 \Rightarrow x = 16 \Rightarrow 15(x+1) = 15 \times 17 = 255$

∴火車的總長度為 255 公尺。

> 17 秒內乙與火車間縮短的距離（即火車的總長度）

> 15 秒內甲與火車間縮短的距離（即火車的總長度）

說明

　　這道問題本質上是追趕與相遇問題，不同於一般的它藉著一列火車改變成較複雜的情境。只要考慮火車尾端有一個人，其行進速度同火車一樣，

講解起來就流暢多了。為了讓學生更容易理解題意，並提高學生的專注度，我將解程製作成電腦教學簡報，其動畫呈現如下。

那些年我們一起追的火車上的女孩

她不是一般的女孩，她是女超人！

那些年我們一起追的女超人

示例

請計算$1-2+3+4-5+6+7-8+9+\cdots\cdots+97-98+99$之值為何？

解答

$1-2+3+4-5+6+7-8+9+\cdots\cdots+97-98+99$

$=(1+4+7+11+\cdots\cdots+97)+(3+6+9+\cdots\cdots+99)-(2+5+8+\cdots\cdots+98)$

$=\dfrac{33(1+97)}{2}+\dfrac{33(3+99)}{2}-\dfrac{33(2+98)}{2}=\dfrac{33(98+102-100)}{2}=33\times 50=1650$。

解答

$1-2+3+4-5+6+7-8+9+\cdots\cdots+97-98+99$

$=[(1+3)+(4+6)+(7+9)+\cdots\cdots+(97+99)]-(2+5+8+\cdots\cdots+98)$

$=\dfrac{33(4+196)}{2}-\dfrac{33(2+98)}{2}=\dfrac{33(200-100)}{2}=33\times 50=1650$。

解答

$1-2+3+4-5+6+7-8+9+\cdots\cdots+97-98+99$

$=(1-2+3)+(4-5+6)+(7-8+9)+\cdots\cdots+(97-98+99)$

$$= \frac{33(2+98)}{2} = 33 \times 50 = 1650 \text{。}$$

說明

除了以上三種解法之外，還有其他解法，可以視教學時間跟學生補充。用彩色粉筆把「串在一起」、「綁在一起」與「宅在一起」的部分如以下方式凸顯出來，再寫下一個式子，可讓老師講解的聲音彷彿都鮮活地刻印在黑板上，式子的推算變得有聲有色，也表露出更多美感了。

串在一起

$$1-2+3+4-5+6+7-8+9+\cdots\cdots+97-98+99$$

串在一起

$$= (1+4+7+11+\cdots\cdots+97) + (3+6+9+\cdots\cdots+99) - (2+5+8+\cdots\cdots+98)$$

$$1-2+3+4-5+6+7-8+9+\cdots\cdots+97-98+99$$

綁在一起

$$= [(1+3)+(4+6)+(7+9)+\cdots\cdots+(97+99)] - (2+5+8+\cdots\cdots+98)$$

$$1-2+3+4-5+6+7-8+9+\cdots\cdots+97-98+99$$

宅在一起

$$= (1-2+3)+(4-5+6)+(7-8+9)+\cdots\cdots+(97-98+99)$$

示例

解下列一元二次方程式：

(1) $(x-3)^2 = (1-2x)(x-3)$；(2) $(2x+3)^2 = (21-7x)(2x+3)$。

解答

(1) $(x-3)^2 - (1-2x)(x-3) = 0$

　$\Rightarrow (x-3)[(x-3)-(1-2x)] = 0$

　$\Rightarrow (x-3)(3x-4) = 0 \Rightarrow x-3=0$ 或 $3x-4=0$

　$\therefore x=3$ 或 $x=\dfrac{4}{3}$。

$(x-3)^2 - (1-2x)(x-3) = 0$
$\Rightarrow (x-3)[\qquad\quad] = 0$

$(x-3)^2 - (1-2x)(x-3) = 0$
$\Rightarrow (x-3)[(x-3)-(1-2x)] = 0$

不要消沉，要提出因應之道！

(2) $(2x + 3)^2 - (21 - 7x)(2x + 3) = 0$

$\Rightarrow (2x + 3)[(2x + 3) - (21 - 7x)] = 0$

$\Rightarrow (2x + 3)(9x - 18) = 0 \Rightarrow 2x + 3 = 0$ 或 $9x - 18 = 0$

$\therefore x = -\dfrac{3}{2}$ 或 $x = 2$。

說明

不少學生會把第 (1) 題的 $(x - 3)$ 消去，而造成方程式的解出現減根情形；或者將它們全部乘開，多浪費了一些處理時間。為了提醒學生要記得不用乘開，更不能消去，只要提公因式就可輕易解得答案，於是我會在教學時跟他們說：「最近考試，好像有人沒有考出自己的理想分數，但請千萬不要因此意志消沉，只要勇於面對現實，提出因應之道，相信很快會獲得成功的。」有些學生覺得納悶，老師怎麼突然講這些話，我就接著說：「不要消沉，要提出因應之道」，並把這幾個字寫在數學式子的旁邊，然後說：「意思就是說解這種問題時，記得不要『消』去，也不要『乘』開，只要提『出』公『因』式。」不少學生立刻發出會心一笑，雖然有學生覺得這梗有點牽強，卻也因此記住了老師的叮嚀。

示例

　　(1) 如圖①，$\triangle ABC$ 中，$\overline{BI}$ 與 $\overline{CI}$ 分別為 $\angle ABC$ 與 $\angle ACB$ 的平分線，且 $\overline{BI}$ 與 $\overline{CI}$ 相交於 I，過 I 作 $\overline{DE} \parallel \overline{BC}$，且 $\overline{DE}$ 分別交 $\overline{AB}$、$\overline{AC}$ 於 D、E，請證明 $\overline{DE} = \overline{BD} + \overline{CE}$；(2) 如圖②，$\triangle ABC$ 中，$\overline{BK}$ 與 $\overline{CK}$ 分別為 $\angle ABC$ 與 $\angle ACB$ 的外角平分線，且 $\overline{BK}$ 與 $\overline{CK}$ 相交於 K，過 K 作 $\overline{DE} \parallel \overline{BC}$，且 $\overline{DE}$ 分別交 $\overrightarrow{AB}$、$\overrightarrow{AC}$ 於 D、E，請證明 $\overline{DE} = \overline{BD} + \overline{CE}$；(3) 如圖③，$\triangle ABC$ 中，$\overline{BI}$ 與 $\overline{CI}$ 分別為 $\angle ABC$ 與 $\angle ACD$ 的平分線，且 $\overline{BI}$ 與 $\overline{CI}$ 相交於 I，過 I 作 $\overline{IE} \parallel \overline{BC}$，且 $\overline{IE}$ 分別交 $\overline{AB}$、$\overline{AC}$ 於 E、F，請證明 $\overline{EF} = \overline{BE} - \overline{CF}$；(4) 如圖④，長方形 $ABCD$ 中，E 為 $\overline{BC}$ 中點，作 $\angle AEC$ 的角平分線交 $\overline{AD}$ 於 F 點。若 $\overline{AB} = 6$，$\overline{AD} = 16$，求 $\overline{FD}$ 的長度為何？

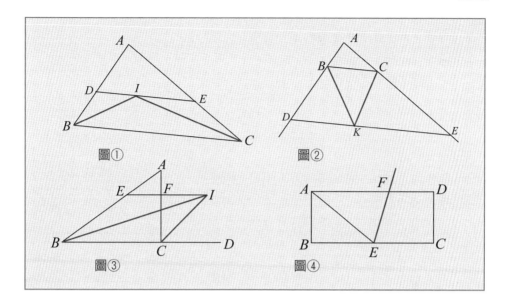

圖①

圖②

圖③

圖④

解答

(1) $\overline{BI}$ 與 $\overline{CI}$ 分別平分 $\angle ABC$ 與 $\angle ACB$

$\Rightarrow \angle 1 = \angle 2$，$\angle 3 = \angle 4$

$\because \overline{DE} \parallel \overline{BC}$　$\therefore \angle 2 = \angle 5$，$\angle 4 = \angle 6$

$\Rightarrow \angle 1 = \angle 5$，$\angle 3 = \angle 6$

$\Rightarrow \overline{BD} = \overline{ID}$，$\overline{CE} = \overline{IE}$

$\Rightarrow \overline{DE} = \overline{ID} + \overline{IE} = \overline{BD} + \overline{CE}$

故得證：$\overline{DE} = \overline{BD} + \overline{CE}$。

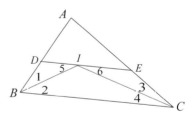

(2) $\overline{BK}$ 與 $\overline{CK}$ 分別平分 $\angle DBC$ 與 $\angle ECB$

$\Rightarrow \angle 1 = \angle 2$，$\angle 3 = \angle 4$

$\because \overline{DE} \parallel \overline{BC}$　$\therefore \angle 1 = \angle 5$，$\angle 3 = \angle 6$

$\Rightarrow \angle 2 = \angle 5$，$\angle 4 = \angle 6$

$\Rightarrow \overline{BD} = \overline{DK}$，$\overline{CE} = \overline{KE}$

$\Rightarrow \overline{DE} = \overline{DK} + \overline{KE} = \overline{BD} + \overline{CE}$

故得證：$\overline{DE} = \overline{BD} + \overline{CE}$。

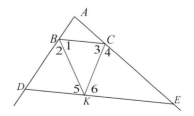

(3) $\overline{BI}$ 與 $\overline{CI}$ 分別平分 $\angle ABC$ 與 $\angle ACD$

$\Rightarrow \angle 1 = \angle 2$，$\angle 3 = \angle 4$

$\because \overline{IE} \,/\!/\, \overline{BC}$　$\therefore \angle 2 = \angle 5$，$\angle 4 = \angle FIC$

$\Rightarrow \angle 1 = \angle 5$，$\angle 3 = \angle FIC$

$\Rightarrow \overline{BE} = \overline{EI}$，$\overline{CF} = \overline{FI}$

$\Rightarrow \overline{EF} = \overline{EI} - \overline{FI} = \overline{BE} - \overline{CF}$

故得證：$\overline{EF} = \overline{BE} - \overline{CF}$。

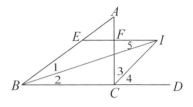

(4) $\because E$ 為 $\overline{BC}$ 中點　$\therefore \overline{BE} = \overline{EC} = 16 \div 2 = 8$

又直角三角形 ABE 中，$\overline{AE} = \sqrt{6^2 + 8^2} = 10$

$\because \overline{AD} \,/\!/\, \overline{BC}$　$\therefore \angle 2 = \angle 3$

又 $\angle 1 = \angle 2 \Rightarrow \angle 1 = \angle 3 \Rightarrow \overline{AF} = \overline{AE} = 10$

$\therefore \overline{FD} = \overline{AD} - \overline{AF} = 16 - 10 = 6$。

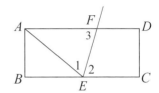

說明

　　我會跟學生說：在幾何圖形的關係中，當「平行」遇見「平分」時，**很容易撞出「行分」（ㄒㄧㄥˊ、ㄈㄣˋ）反應，並且生出「等腰三角形」**（如下圖中的灰階三角形），相信很多教學經驗豐富的老師，時常在解題中遇到這種圖形結構。

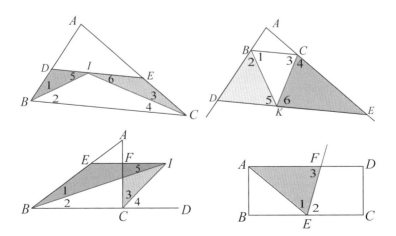

示例

(1) 如圖①，$\overline{AD}$ 為 $\angle BAC$ 的平分線，請證明 $\overline{BD}:\overline{CD}=\overline{AB}:\overline{AC}$；(2) 如圖②，$X$ 點在 $\overline{AB}$ 的延長線上，$\overline{AD}$ 為 $\angle XAC$ 的平分線，且 $\overline{AD}$ 交 $\overline{BC}$ 的延長線於 D，請證明 $\overline{BD}:\overline{CD}=\overline{AB}:\overline{AC}$。

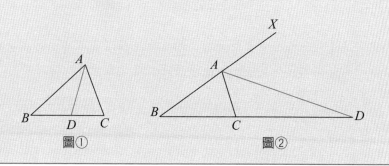

圖①　　　　　　　　圖②

證明

(1) ∵ $\angle BAD = \angle CAD \Rightarrow D$ 至 $\overleftrightarrow{AB}$ 與 $\overleftrightarrow{AC}$ 的距離相等
$\Rightarrow \triangle ABD$ 面積 : $\triangle ACD$ 面積 $= \overline{AB}:\overline{AC}$
又因為 $\triangle ABD$ 面積 : $\triangle ACD$ 面積 $= \overline{BD}:\overline{CD}$（同高）
故得證：$\overline{BD}:\overline{CD}=\overline{AB}:\overline{AC}$。

(2) ∵ $\angle DAX = \angle CAD \Rightarrow D$ 至 $\overleftrightarrow{AB}$ 與 $\overleftrightarrow{AC}$ 的距離相等
$\Rightarrow \triangle ABD$ 面積 : $\triangle ACD$ 面積 $= \overline{AB}:\overline{AC}$
又因為 $\triangle ABD$ 面積 : $\triangle ACD$ 面積 $= \overline{BD}:\overline{CD}$（同高）
故得證：$\overline{BD}:\overline{CD}=\overline{AB}:\overline{AC}$。

說明

以上的第 (1) 題是「內分比性質」，第 (2) 題是「外分比性質」，它們是國中幾何重要且實用的道理。教師在講解「內分比性質」時，可以用紅色粉筆（即下頁圖中的灰色曲線）如以下方式呈現比例線段的關係，讓這些線條看起來像「一顆心」。

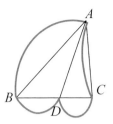

而在講解「外分比性質」時，可以用紅色粉筆（即下圖中的灰色曲線）如以下方式呈現比例線段的關係，讓這些線條看起來像「一彎月亮」。

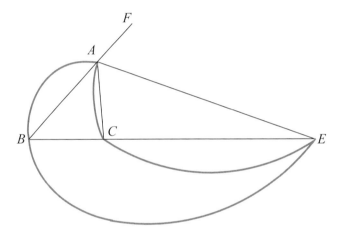

如果把兩種情況合一，即 $\overline{AD}$ 平分 $\angle BAC$，$\overline{AE}$ 平分 $\angle FAC$，且 D、E 皆在 $\overline{BC}$ 上，則 $\overline{AB}：\overline{AC}＝\overline{BD}：\overline{CD}＝\overline{BE}：\overline{CE}$（如下頁圖示），這時剛才畫的那些線條看起來就像「一彎月亮」上有「一顆心」，再用黃色、紅色粉筆將內部塗滿，我說它是「月亮代表我的心」。

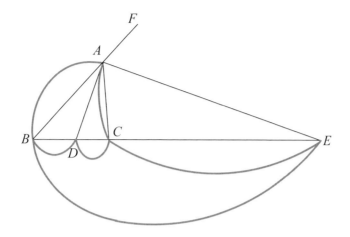

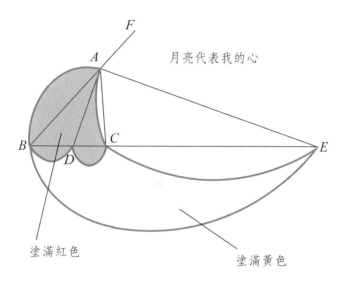

月亮代表我的心

塗滿紅色

塗滿黃色

主題四 走入平實，更有力量

示例

　　(1)100 個和尚分 100 個饅頭，剛好可以全部分完。如果大和尚 1 人分 3 個，小和尚 3 人分 1 個，請問大、小和尚各有多少人？(2) 雞兔同籠，共有 16 頭，54 隻腳，請問雞、兔各多少隻？(3) 標準桌球拍依照黏貼的皮數，區分雙面有皮與單面有皮兩種，如果阿欽在清點這些全新的桌球拍時，發現桌球拍共有 27 支，而球拍上的總皮數為 35 面，請問雙面與單面的球拍各有多少支？

解答

(1) 設大和尚有 x 人，小和尚有 $(100-x)$ 人

$$3x + \frac{1}{3}(100-x) = 100 \Rightarrow 9x + 100 - x = 300 \Rightarrow 8x = 200$$

$x = 25$，$100 - x = 75$，所以大和尚有 25 人，小和尚有 75 人。

(2) 設雞 x 隻，兔 $(16-x)$ 隻

$2x + 4(16-x) = 54 \Rightarrow -2x = -10 \Rightarrow x = 5$

$\Rightarrow 16 - x = 16 - 5 = 11$

所以雞有 5 隻，兔有 11 隻。

(3) 設雙面有 x 支，則單面有 $(27-x)$ 支

由球拍上的總皮數為 35 面 $\Rightarrow 2x + (27-x) = 35 \Rightarrow 2x - x = 35 - 27$

$\Rightarrow x = 8$

$27 - x = 27 - 8 = 19$，所以雙面球拍有 8 支，單面球拍有 19 支。

說明

　　這是國中生學習方程式時，很常見到但還不算太困難的問題。如果可以不用代數解決，讓學生不要學了代數就忘了還有更靈活的算術解決，他們應該會覺得數學更有趣。只是教師必須要講個「平實的小故事」，才能增進學習成效。

(1) 讓 1 個大人與 3 個小孩同坐一桌，共 4 個人，則他們吃 4 個饅頭，人數

與饅頭數相等。假設擺很多桌子，人數與饅頭數將隨著桌數增加而增加，但不論怎樣變，人數與饅頭數始終相等。

只須算一算需要擺放多少張桌子才能讓人數到達 100 人。因為每桌坐 4 人，將 100 除以 4 得商為 25，也就是有 25 桌，所以有 25 個大人，75 個小孩。

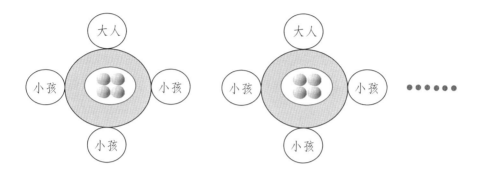

(2) 如果大水襲來，每隻雞都站成「金雞獨立」，每隻兔都站成「玉兔搗藥」，則站在地上的總腳數為 54 ÷ 2 = 27。但雞與兔共 16 頭，後來兔也學雞站成「玉兔獨立」，那站在地上的總腳數為 16。

27 − 16 = 11，表示有 11 隻兔「玉兔獨立」；16 − 11 = 5，表示有 5 隻雞「金雞獨立」，所以雞有 5 隻，兔有 11 隻。

站姿	雞、兔正常站立	金雞獨立、玉兔搗藥	金雞獨立、玉兔獨立
腳數	54	54 ÷ 2 = 27	16（腳數等於頭數）

兩數相減即為兔子的頭數

(3) 沒想到這些球拍品質低劣，才打幾次，全部的皮都脫落了，大家只好動
手幫忙把皮黏回去。

先簡略畫出 27 支桌球拍，以下當成每支桌球拍的兩面

每支桌球拍都先黏上一面皮，共有 27 面皮

剩下的 35 − 27 = 8 面皮，再黏到其中 8 支桌球拍的另一面

所以雙面球拍有 8 支，單面球拍有 19 支。

示例

下表是二年級某個班級，這次數學平時考試 30 人的得分，請以 10 分
為組距，製作該班數學成績的次數分配表。

98	81	74	67	86	56	86	83	59	91
85	94	75	71	96	74	81	99	66	64
76	50	69	85	82	55	73	90	86	78

解答

98	8̸1̸	7̸4̸	6̸7̸	86	5̸6̸	86	83	5̸9̸	91
8̸5̸	94	7̸5̸	7̸1̸	96	7̸4̸	8̸1̸	99	6̸6̸	6̸4̸
7̸6̸	5̸0̸	6̸9̸	8̸5̸	82	5̸5̸	7̸3̸	90	86	7̸8̸

分數	50-60	60-70	70-80	80-90	90-100
次數(人)	4	4	7	9	6

說明

　　以上的解答中，呈現了教師的解題教學歷程，他將數過的數逐一畫掉，手法顯得非常純熟。只是萬一疏忽而數錯，怎麼辦呢？當然是要重新數了，但是這下子刪去符號反而帶來了干擾，使得局面變得有些紊亂了。

　　或許可以教學生在數過不同的十位數字時，可以如下表中標示不同的記號，但要儘量避免畫到表格內的數。

98	<u>81</u>	<u>74</u>	67○	<u>86</u>	56△	<u>86</u>	<u>83</u>	59△	91
<u>85</u>	94	<u>75</u>	<u>71</u>	96	<u>74</u>	<u>81</u>	99	66○	64
<u>76</u>	50△	69○	<u>85</u>	<u>82</u>	55△	<u>73</u>	90	<u>86</u>	<u>78</u>

示例

　　如果一個直角三角形的兩股長為 a、b，斜邊長為 c，請證明 $a^2 + b^2 = c^2$。

證明

　　如下頁圖，大正方形面積＝四個全等直角三角形的面積＋小正方形的面積

$\therefore (a+b)^2 = \dfrac{1}{2}ab \times 4 + c^2$，即 $a^2 + 2ab + b^2 = 2ab + c^2$，故 $a^2 + b^2 = c^2$。

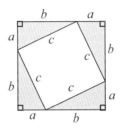

證明

如下圖，四個全等直角三角形面積和＋小正方形面積＝大正方形面積

$\therefore \dfrac{1}{2}ab \times 4 + (b-a)^2 = c^2$，即 $2ab + a^2 - 2ab + b^2 = c^2$，故 $a^2 + b^2 = c^2$。

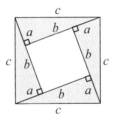

說明

　　以上兩種證明方式，是一般國中數學教材證明「勾股定理」很常用的方法，且大多數的教材都會搭配四片全等的直角三角形紙板，便於學生操作，再利用簡單的代數運算，即可證得定理成立：

　　由於受到以上第二種證明的教學經驗影響，再加上自己很喜歡動腦解「圖形切拼」的問題，並認為利用摺剪紙學習幾何道理既有趣，也能提高學生學習動機與成效，於是便想到用以下的摺剪紙方法，讓學生透過操作認識「勾股定理」，並留下深刻印象，其教學步驟大致如下：

(1) 發給每位學生一人一張正方形色紙，再請學生摺出摺痕線 $\overline{AP}$，其中 $\overline{DP}$ 長約為紙張邊長三分之一處即可。

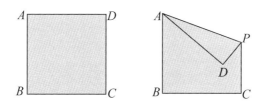

(2) 請學生摺出摺痕線 $\overline{BQ}$，且 $\overline{BQ} \perp \overline{AP}$。

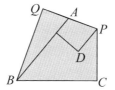

(3) 請學生摺出摺痕線 $\overline{CR}$，且 $\overline{CR} \perp \overline{BQ}$。

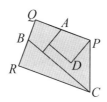

(4) 請學生攤平紙張 $ABCD$，此時可發現紙面上有三條摺痕線，其中第二條摺痕線分別與第一條、第三條摺痕線相互垂直。

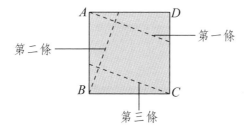

(5) 請學生用筆畫出 $\overline{AP}$、$\overline{BQ}$、$\overline{CR}$ 三條線，並由教師先說明其中三個直角三角形形狀、大小完全相同，之後請學生以筆寫出三個直角三角形的三邊長（以 a 表示短股長，b 表示長股長，c 表示斜邊長）。

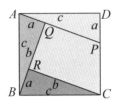

(6) 拿剪刀剪下 $\triangle AQB$ 與 $\triangle BRC$，然後將 $\triangle AQB$ 拼至 $\triangle DGC$ 的位置，$\triangle BRC$ 拼至 $\triangle AFD$ 的位置。

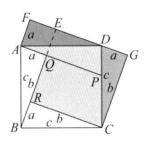

(7) 拼合完畢後，可發現 $AQEF$ 為邊長 a 的正方形，面積為 a^2；$CGER$ 為邊長 b 的正方形，面積為 b^2；而原紙張正方形 $ABCD$ 面積為 c^2，故得證：$a^2 + b^2 = c^2$。

示例

　　給一張邊長為 2 單位長的正方形色紙，請利用摺剪紙的方法，拼出一個邊長為 $\sqrt{2}$ 單位長（即面積為 2 平方單位）的正方形。

解答

(1) 將正方形色紙對摺，並用剪刀沿摺痕線將紙張一分為二，則每張長方形紙張的面積為 2 平方單位。

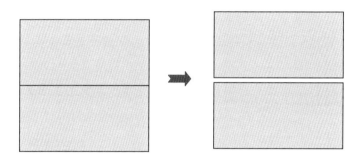

(2) 取其中一張先對摺，打開後，再摺出兩個 1×1 的正方形對角線。

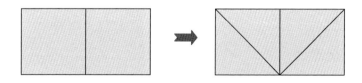

(3) 剪下左下和右下的等腰直角三角形，並拼至如下頁圖示的位置，則成為一個邊長為 $\sqrt{2}$ 單位長（即面積為 2 平方單位）的正方形。

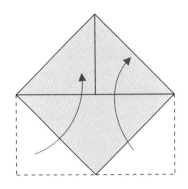

說明

　　「$\sqrt{2}$是實數」的意義，可以很自然地利用「勾股定理」，在直角三角形上找到存在的證據。不過對於利用摺剪紙與拼合方式，從面積為 2 的正方形上，確認出$\sqrt{2}$實質存在的教法，也深受教師喜愛。或許對於大多數問題的解決幫助不大，但從學習的觀點，這樣的操作體驗還是能讓學生印象深刻而感覺美好。

　　但有學生曾經問我，是否可以利用摺剪紙的方法，拼出一個邊長為$\sqrt{3}$單位長（即面積為 3 平方單位）的正方形。其實只要利用剛才拼成面積為 2 的正方形，再多加一個面積為 1 的正方形，並以如下方式操作，就可以達成目的了，而且運用此法，也可以拼成面積為任意正整數的正方形。

(1) 將正方形色紙對摺，並用剪刀沿摺痕線將紙張一分為二，則每張長方形紙張的面積為 2 平方單位。

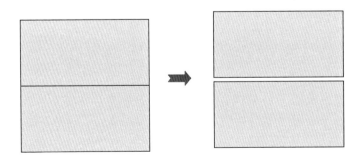

(2) 取其中一張先對摺，並用剪刀沿摺痕線將其一分為二，則有兩張 1×1 的正方形紙張。

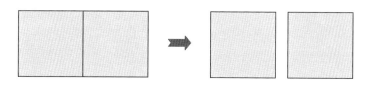

(3) 將 2×1 的長方形紙張裁剪拼成邊長為 $\sqrt{2}$ 單位長的正方形，並利用 1×1 的正方形紙張，找到 P 點，則 $\overline{BP} = 1$，接著將 1×1 的正方形紙張移至正方形 $ABCD$ 右側，且其中一個頂點與 C 重合，一個邊與 $\overline{CD}$ 疊合，則 $\overline{PE} = \sqrt{2}$。

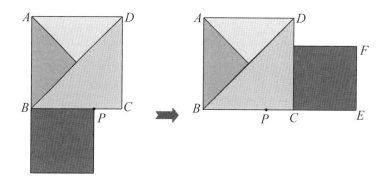

(4) 用筆畫出 $\overline{AP}$、$\overline{FP}$ 兩條線段。

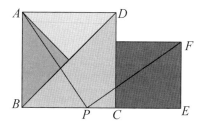

(5) 拿剪刀剪下 $\triangle ABP$ 與 $\triangle PEF$，之後將 $\triangle ABP$ 拼至 $\triangle ADQ$ 的位置，$\triangle PEF$ 拼至 $\triangle QRF$ 的位置，則正方形 $APFQ$ 即為邊長為 $\sqrt{3}$ 單位長（即面積為 3 平方單位）的正方形。

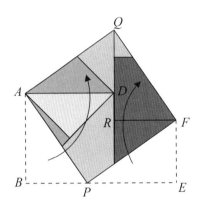

示例

解方程式 $x = 1 + \dfrac{x}{2} + \dfrac{x}{4} + \dfrac{x}{8} + \dfrac{x}{16}$。

解答

等號兩邊同乘以 16，推得 $16x = 16 + 8x + 4x + 2x + x$

$\Rightarrow 16x = 16 + 15x \Rightarrow 16x - 15x = 16$

所以 $x = 16$。

說明

等量減法公理

$x + 2 = 5 \quad \Rightarrow x + 2 - 2 = 5 - 2 \quad \Rightarrow x = 5 - 2$

移項法則（移加作減）

等量加法公理

$x - 5 = 8 \quad \Rightarrow x - 5 + 5 = 8 + 5 \quad \Rightarrow x = 8 + 5$

移項法則（移減作加）

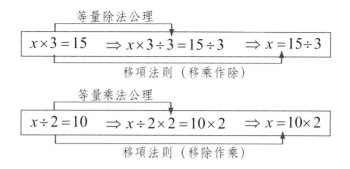

「等量公理」與「移項法則」是國中生學習解方程式時，一開始就會學到的基本運算法則，一般先學「等量公理」，之後兩步併一步，自然熟練了「移項法則」，甚至會將「移項法則」視為快轉的「等量公理」。若從實用性來看，兩者皆各有其優勢，兼容並蓄才是王道。

其實「移項法則」本來也是「還原觀點」，而且數學解題上逆推、反面操作或思考，是經常運用到的想法與解法，所以我在課堂上有時會以「還原觀點」說明「移項法則」，無論教學或解題，三者經常靈活交互使用。

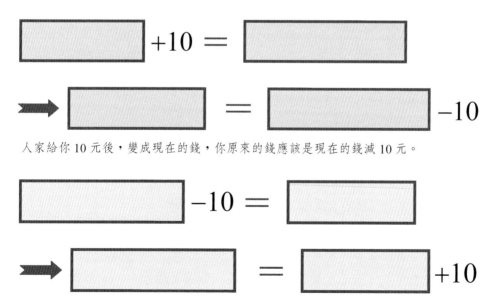

人家給你 10 元後，變成現在的錢，你原來的錢應該是現在的錢減 10 元。

你給人家 10 元後，變成現在的錢，你原來的錢應該是現在的錢加 10 元。

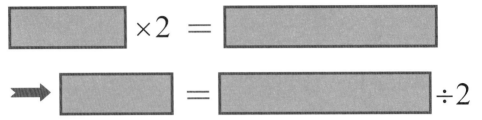

你的錢乘以 2 後，變成現在的錢，你原來的錢應該是現在的錢除以 2。

你的錢除以 2 後，變成現在的錢，你原來的錢應該是現在的錢乘以 2。

示例

(1) 請化簡 $-2(10x + 2) - (2x - 5)$ 結果為何？(2) 請問方程式 $3x + 2 = x - 6$ 的解為何？

解答

(1) $-2(10x + 2) - (2x - 5) = (-2) \times 10x + (-2) \times 2 - 2x - (-5)$

$\quad = -20x - 4 - 2x + 5 = -22x + 1$

(2) $3x + 2 = x - 6 \Rightarrow 3x - x = -6 - 2 \Rightarrow 2x = -8$，所以 $x = -4$。

說明

俗話說：「人為財死，鳥為食亡。」所以教學生初學「化簡代數式」以及「解方程式」，最好是以金錢和食物作為數的替代物。

常數：表示多少錢（也就是多少元）。

代表數 x、y：表示 1 個水果（像香蕉、蘋果、櫻桃……）的價錢。

代表數 $2x$、$3y$：表示 1 串香蕉、1 包蘋果……的價錢。

算式 $(x + 2y)$：表示 1 袋或 1 盒水果、1 盒或 1 組文具……的價錢。

(1) $x + x + x = 3x$。

(2) $4x - x = 3x$（所以 $4x - x$ 的結果不是 4，也不是 3。）

(3) $2 \times (x + 2y) = 2x + 4y$（2 袋水果的價錢，等於 1 個櫻桃價錢的 2 倍，加上 2 條香蕉價錢的 2 倍，這就是「乘法對加法的分配律」的意義。）

$$2 \times (\text{🍒} + \text{🍌}) = \text{🍒} + \text{🍌}$$

(4) $3 \times (3a + 2b + c) = 9a + 6b + 3c$（3 袋文具組合的價錢，等於 3 枝原子筆價錢的 3 倍，加上 2 枝鉛筆價錢的 3 倍，加上 1 個橡皮擦價錢的 3 倍。）

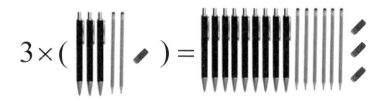

以下的「隔山打牛」（指運用出拳的勁道，達到隔人或隔物打傷一群人的一種武術名稱。）以及文意的精簡表達，則是從趣味性的觀點，表現數學運算道理中的「乘法對加法的分配律」。

例如：$4 \times (50 - 13 + 9) = 4 \times 50 + 4 \times (-13) + 4 \times 9 = 200 + (-52) + 36 = 184$。

例如：「阿三想打棒球，阿四想打棒球」就可寫成「阿三和阿四都想打棒球」；「阿五喜歡上數學課，也喜歡上體育課」就可寫成「阿五喜歡上數學課和體育課」。

(5) 解方程式 $3x + 2 = 65$。（利用「等量公理」與「移項法則」解方程式，其作用就如同從「銀貨混置」變換成「銀貨分置」。）

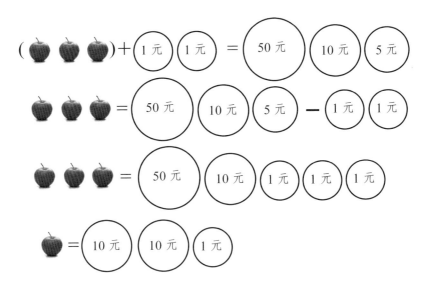

(6) 解方程式 $3x + 24 + 120 + x = 2x + 256$。（銀貨混置）

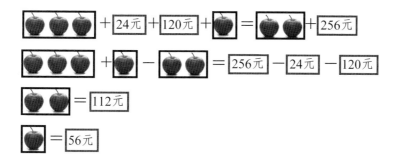

$3x + 24 + 120 + x = 2x + 256$
$\Rightarrow 4x + 144 = 2x + 256$
$\Rightarrow 4x + 144 - 2x - 144 = 2x + 256 - 2x - 144$
$\Rightarrow 4x - 2x = 256 - 144$
$\Rightarrow 2x = 112 \qquad \therefore x = 56$

等量公理

$3x + 24 + 120 + x = 2x + 256$
$\Rightarrow 4x + 144 = 2x + 256$
$\Rightarrow 4x - 2x = 256 - 144$
$\Rightarrow 2x = 112 \qquad \therefore x = 56$

移項法則

示例

若 $2x + 3y = 100$，請以 x 和常數表示 y？請以 y 和常數表示 x？

解答

$$2x + 3y = 100 \Rightarrow 2x = 100 - 3y \Rightarrow x = \frac{100 - 3y}{2}$$

$$2x + 3y = 100 \Rightarrow 3y = 100 - 2x \Rightarrow y = \frac{100 - 2x}{3}$$

說明

對一些數學學習較為弱勢的學生進行「代數轉換」的教學，可以如下先以「金錢」的觀點說明「代數轉換」的意義，再以生活材料比擬與轉換代數式，最後再進入完全代數的形式。

(1) 以「金錢」的觀點說明「代數轉換」：

$$2\times \boxed{5\,角} = \boxed{1\,元} \Rightarrow \boxed{5\,角} = \frac{\boxed{1\,元}}{2}$$

　　大家應該都懂兩個 5 角等於一個 1 元，所以一個 5 角等於二分之一個 1 元，也就是二分之一個 1 元可以取代一個 5 角。

$$2\times \boxed{5\,元} = \boxed{10\,元} \Rightarrow \boxed{5\,元} = \frac{\boxed{10\,元}}{2}$$

　　大家應該都懂兩個 5 元等於一個 10 元，所以一個 5 元等於二分之一個 10 元，也就是二分之一個 10 元可以取代一個 5 元。

$$5\times \boxed{10\,元} = \boxed{50\,元} \Rightarrow \boxed{10\,元} = \frac{\boxed{50\,元}}{5}$$

　　大家應該都懂五個 10 元等於一個 50 元，所以一個 10 元等於五分之一個 50 元，也就是五分之一個 50 元可以取代一個 10 元。

　　如果 10 元的硬幣以 x 表示，50 元的硬幣以 y 表示，則兩種硬幣的錢數關係就可寫成 $5x = y$，也可寫成 $x = \dfrac{y}{5}$。

(2) 以生活材料比擬與轉換代數式：

　　現在的圖示，表示 2 個蘋果加上 3 個西洋梨共值 150 元。

$$2 \times \text{🍎} + 3 \times \text{🍐} = 150 \text{元}$$

請問你能夠以西洋梨和金錢來表示一個蘋果的價錢嗎？

首先我們將蘋果的部分單獨留在等號的左邊，所以透過「移項法則」將西洋梨的部分移到等號的右邊，所以得到 2 個蘋果的價錢等於 150 元減去 3 個西洋梨的價錢。

$$2 \times \text{🍎} = 150 \text{元} - 3 \times \text{🍐}$$

接下來再利用「等量公理」，將等號兩邊同時除以 2，就可以得到 1 個蘋果的價錢等於 150 元減去 3 個西洋梨後的價錢的二分之一。

$$\text{🍎} = \frac{150 \text{元} - 3 \times \text{🍐}}{2}$$

也就是說，我們可以用 150 元減去 3 個西洋梨後的價錢的二分之一來取代 1 個蘋果的價錢。

如果用 x 表示 1 個蘋果的錢數，y 表示 1 個西洋梨的錢數，則 2 個蘋果加上 3 個西洋梨共值 150 元的關係，可以表示成 $2x + 3y = 150$。

所以 $2x = 150 - 3y \Rightarrow x = \dfrac{150 - 3y}{2}$；$3y = 150 - 2x \Rightarrow y = \dfrac{150 - 2x}{3}$。

宋朝的王安石有個兒子叫王雱（ㄆㄤ ˊ），他在幼年時，有一個客人把一隻鹿和一隻獐關在同一個籠子裡獻給王安石。當時王雱正好也在場，客人便問他：「你知不知道哪一隻是獐，哪一隻是鹿？」王雱其實不懂得分

辨，他想了一會兒，答道：「獐旁邊的是鹿，鹿旁邊的是獐。」

　　大家都知道 $2x + 5y = 70$ 這個二元一次方程式是有無限多組解，所以當有人問：「x、y 分別為何？」或許可以學習王雱的機智回答：「$x = \dfrac{70 - 5y}{2}$，$y = \dfrac{70 - 2x}{5}$」。

示例

　　(1) 如下圖①、圖②，若 $\overline{DE} \,/\!/\, \overline{BC}$，請證明 $\triangle ADE \sim \triangle ABC$；(2) 如下圖③、圖④，若 $\angle AED = \angle B$，請證明 $\triangle ADE \sim \triangle ACB$。

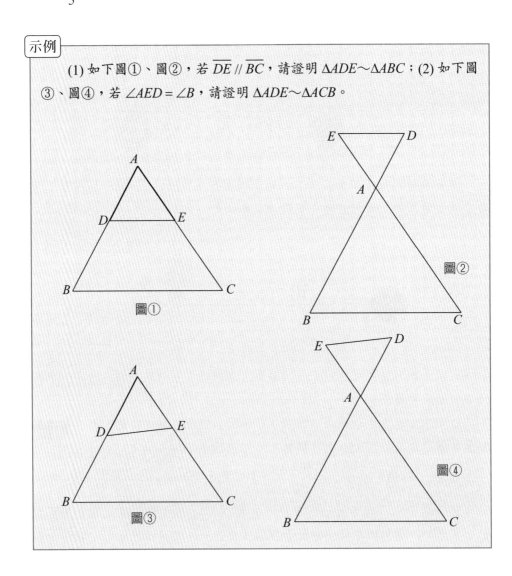

證明

(1) ∵ $\overline{DE} \parallel \overline{BC}$ ∴ $\angle ADE = \angle B$，$\angle AED = \angle C$
故得證：$\triangle ADE \sim \triangle ABC$（AA 相似）。

(2) ∵ $\angle AED = \angle B$，$\angle A = \angle A$
故得證：$\triangle ADE \sim \triangle ACB$（AA 相似）。

說明

　　三角形中有四個很基本的「相似圖形」，其中有兩個我把它們稱作「領巾相似」，另兩個稱作「領結相似」。而「領巾相似」又分為「平行領巾」必相似，以及「不平行領巾」有時相似（也就是未必相似）；「領結相似」又分為「平行領結」必相似，以及「不平行領結」有時相似（也就是未必相似）。

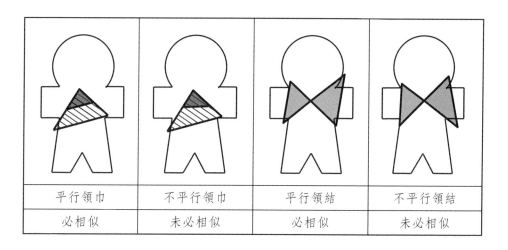

平行領巾	不平行領巾	平行領結	不平行領結
必相似	未必相似	必相似	未必相似

(1)「平行領巾」與「平行領結」必相似：

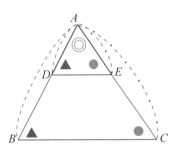

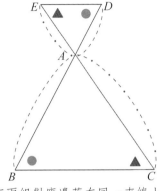

有兩組對應邊落在同一直線上

$$\overline{AD} : \overline{AB} = \overline{AE} : \overline{AC} = \overline{DE} : \overline{BC}$$

有兩組對應邊落在同一直線上

$$\overline{AD} : \overline{AB} = \overline{AE} : \overline{AC} = \overline{DE} : \overline{BC}$$

(2)「不平行領巾」與「不平行領結」未必相似（以下是相似的情況）：

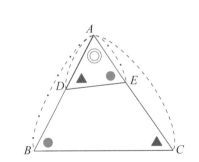

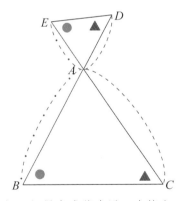

無一組對應邊落在同一直線上

$$\overline{AD} : \overline{AC} = \overline{AE} : \overline{AB} = \overline{DE} : \overline{BC}$$

無一組對應邊落在同一直線上

$$\overline{AD} : \overline{AC} = \overline{AE} : \overline{AB} = \overline{DE} : \overline{BC}$$

(3) 有共同邊的「不平行領巾」相似結構（如下圖右）：

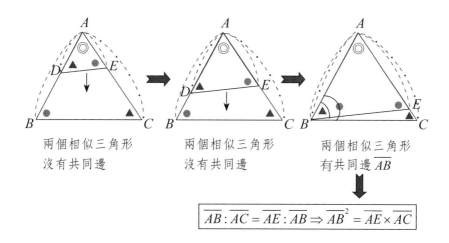

兩個相似三角形
沒有共同邊

兩個相似三角形
沒有共同邊

兩個相似三角形
有共同邊 $\overline{AB}$

$$\overline{AB} : \overline{AC} = \overline{AE} : \overline{AB} \Rightarrow \overline{AB}^2 = \overline{AE} \times \overline{AC}$$

示例

　　如圖，在直角 $\triangle ABC$ 中，$\angle BAC = 90°$，$\overline{AD} \perp \overline{BC}$，請證明下列關係成立：(1) $\overline{AB}^2 = \overline{BD} \times \overline{BC}$；(2) $\overline{AC}^2 = \overline{CD} \times \overline{BC}$；(3) $\overline{AD}^2 = \overline{BD} \times \overline{CD}$。

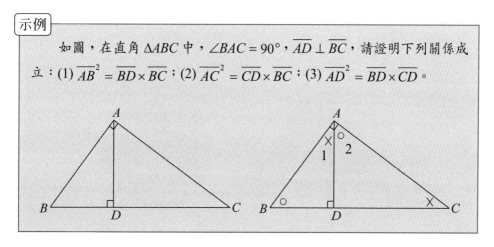

證明

(1) $\because \angle BAC = 90°$　$\therefore \angle 1 + \angle 2 = 90°$

　　$\because \angle ADB = 90°$　$\therefore \angle 1 + \angle B = 90° = \angle 1 + \angle 2 \Rightarrow \angle B = \angle 2$

　　由 $\angle B = \angle 2$，$\angle ADB = \angle BAC \Rightarrow \triangle BAD \sim \triangle BCA$（$AA$ 相似）

　　$\Rightarrow \overline{AB} : \overline{BC} = \overline{BD} : \overline{AB} \Rightarrow \overline{AB}^2 = \overline{BD} \times \overline{BC}$。

(2) $\because \angle BAC = 90°$　$\therefore \angle 1 + \angle 2 = 90°$

$\because \angle ADC = 90°$　$\therefore \angle 2 + \angle C = 90° = \angle 1 + \angle 2 \Rightarrow \angle C = \angle 1$

由 $\angle C = \angle 1$，$\angle ADC = \angle BAC \Rightarrow \triangle CAD \sim \triangle CBA$（$AA$ 相似）

$\Rightarrow \overline{AC} : \overline{BC} = \overline{CD} : \overline{AC} \Rightarrow \overline{AC}^2 = \overline{CD} \times \overline{BC}$。

(3) $\because \angle B = \angle 2$，$\angle C = \angle 1$

$\therefore \triangle BAD \sim \triangle ACD$（$AA$ 相似）

$\Rightarrow \overline{BD} : \overline{AD} = \overline{AD} : \overline{CD} \Rightarrow \overline{AD}^2 = \overline{BD} \times \overline{CD}$。

說明

在國中數學教材一般將以上的道理稱為「直角三角形母子相似性質」，而另外更廣泛的觀點，它算是一種較特殊條件下的「射影定理」。為了讓學生對這個結果產生深刻印象，我將此圖取名為「母子島」，並將其中四個銳角以「○、✕、○、✕」標示，又以三條打結的絲帶表示射影定理的三個關係式（絲帶的打結處表示「＝」，等號兩邊的兩線段長的乘積相等），最後寫首小詩〈母子島〉表現「母子相似」與「射影定理」。

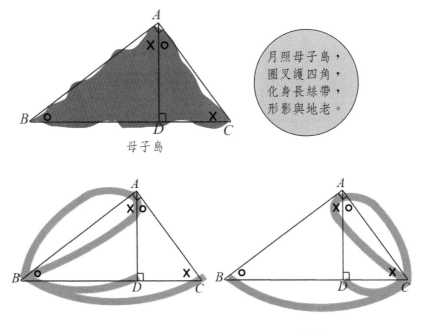

月照母子島，
圈叉護四角，
化身長絲帶，
形影與地老。

母子島

有共同邊 $\overline{AB}$ 的「不平行領巾」相似：$\overline{AB}^2 = \overline{BD} \times \overline{BC}$

有共同邊 $\overline{AC}$ 的「不平行領巾」相似：$\overline{AC}^2 = \overline{CD} \times \overline{BC}$

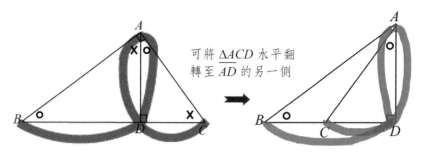

可將 ΔACD 水平翻轉至 $\overline{AD}$ 的另一側

有共同邊 $\overline{AD}$ 的「不平行領巾」相似：$\overline{AD}^2 = \overline{BD} \times \overline{CD}$

示例

(1) 如下圖①，圓上的兩弦 $\overline{AB}$、$\overline{CD}$ 相交於 P，請證明 $\overline{PA} \times \overline{PB} = \overline{PC} \times \overline{PD}$；(2) 如下圖②，設 P 在圓外，$\overrightarrow{PA}$、$\overrightarrow{PB}$ 為兩割線，A、C、B、D 分別為這兩條割線與圓的交點，請證明 $\overline{PA} \times \overline{PC} = \overline{PB} \times \overline{PD}$；(3) 如下圖③，$\overrightarrow{PA}$ 是圓之切線，A 是切點，而 $\overrightarrow{PB}$ 是割線，且與圓交於 B、C，請證明 $\overline{PA}^2 = \overline{PB} \times \overline{PC}$。

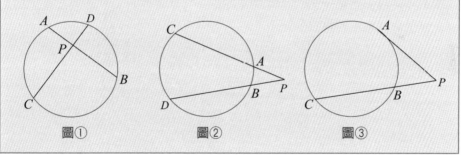

圖① 圖② 圖③

證明

(1) 連 $\overline{AD}$、$\overline{BC}$

$\because \angle A = \angle C = \dfrac{1}{2} \times BD$ 弧度數，$\angle APD = \angle CPB$

$\therefore \Delta PAD \sim \Delta PCB \Rightarrow \overline{PA} : \overline{PC} = \overline{PD} : \overline{PB}$

故得證 $\overline{PA} \times \overline{PB} = \overline{PC} \times \overline{PD}$。

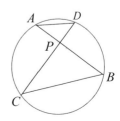

(2) 連 $\overline{AB}$、$\overline{CD}$

∵ $\angle PAB = \angle D$，$\angle P = \angle P$

∴ $\triangle PAB \sim \triangle PDC \Rightarrow \overline{PA} : \overline{PD} = \overline{PB} : \overline{PC}$

故得證 $\overline{PA} \times \overline{PC} = \overline{PB} \times \overline{PD}$。

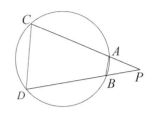

(3) 連 $\overline{AC}$、$\overline{AB}$

∵ $\overline{PA}$ 切圓於點 A　∴ $\angle PAB = \dfrac{1}{2} \times AB$弧度數 $= \angle C$

又 $\angle P = \angle P$　∴ $\triangle PAB \sim \triangle PCA$

$\Rightarrow \overline{PA} : \overline{PC} = \overline{PB} : \overline{PA}$

故得證 $\overline{PA}^2 = \overline{PB} \times \overline{PC}$。

說明

　　以上三個幾何定理分別為「圓內冪性質」（或稱「相交弦定理」）、「圓外冪性質」（或稱「割線定理」）、「圓的切割線性質」，並統稱為「圓冪性質」，除了以上三種常見的證明方式，還有其他證明方式。若將以上三個作了輔助線的圖形，暫時略去其中的圓，我們可以發現第一種情況是「不平行領結」相似，第二種情況是「不平行領巾」相似，而第三種情況是有共同邊的「不平行領巾」相似。

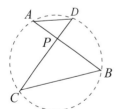

「不平行領結」相似

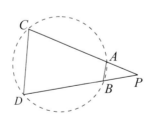

「不平行領巾」相似

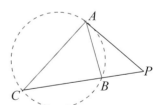

有共同邊 $\overline{PA}$ 的「不平行領巾」相似

示例

(1) 如圖①，$\triangle ABC$ 中，$\overline{BI}$ 與 $\overline{CI}$ 分別為 $\angle ABC$ 與 $\angle ACB$ 的平分線，且 $\overline{BI}$ 與 $\overline{CI}$ 相交於 I，請證明 $\angle BIC = 90° + \dfrac{1}{2}\angle A$；(2) 如圖②，$\triangle ABC$ 中，$\overline{BF}$ 與 $\overline{CF}$ 分別為 $\angle DBC$ 與 $\angle ECB$ 的平分線，且 $\overline{BF}$ 與 $\overline{CF}$ 相交於 F，請證明 $\angle BFC = 90° - \dfrac{1}{2}\angle A$；(3) 如圖③，$\triangle ABC$ 中，$\overline{BI}$ 與 $\overline{CI}$ 分別為 $\angle ABC$ 與 $\angle ACD$ 的平分線，且 $\overline{BI}$ 與 $\overline{CI}$ 相交於 I，請證明 $\angle BIC = \dfrac{1}{2}\angle A$；(4) 如圖④，$\overline{BO}$、$\overline{CO}$ 分別平分 $\angle ABD$ 與 $\angle ACD$，請證明 $\angle O = \dfrac{1}{2}(\angle A + \angle D)$；(5) 如圖⑤，$\overline{AF}$、$\overline{CF}$ 分別平分 $\angle BAE$ 與 $\angle BCD$，請證明 $\angle AFC = \dfrac{1}{2}(\angle ABC + \angle AGC)$。

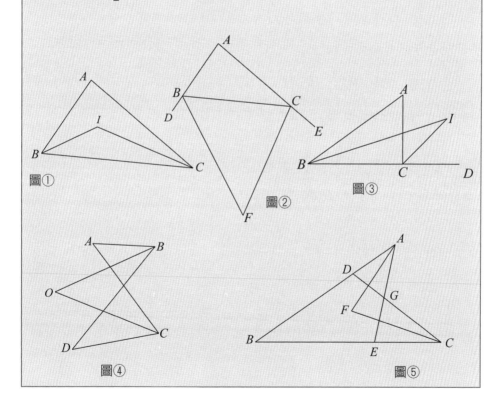

圖①　圖②　圖③　圖④　圖⑤

證明

(1) $\overline{BI}$ 與 $\overline{CI}$ 分別平分 $\angle ABC$ 與 $\angle ACB$

$\Rightarrow \angle 1 = \angle 2$，$\angle 3 = \angle 4 \Rightarrow \angle 2 = \dfrac{1}{2}\angle ABC$，$\angle 4 = \dfrac{1}{2}\angle ACB$

$\therefore \angle BIC = 180° - (\angle 2 + \angle 4) = 180° - \dfrac{1}{2}(\angle ABC + \angle ACB)$

$= 180° - \dfrac{1}{2}(180° - \angle A) = 90° + \dfrac{1}{2}\angle A$

故得證：$\angle BIC = 90° + \dfrac{1}{2}\angle A$。

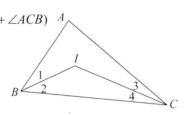

(2) $\overline{BF}$ 與 $\overline{CF}$ 分別為 $\angle DBC$ 與 $\angle ECB$ 的平分線

$\Rightarrow \angle 1 = \angle 2$，$\angle 3 = \angle 4$

$\Rightarrow \angle 1 = \dfrac{1}{2}\angle DBC$，$\angle 3 = \dfrac{1}{2}\angle ECB$

$\therefore \angle BFC = 180° - (\angle 1 + \angle 3)$

$= 180° - \dfrac{1}{2}(\angle DBC + \angle ECB)$

$= 180° - \dfrac{1}{2}(180° + \angle A) = 90° - \dfrac{1}{2}\angle A$

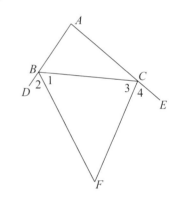

故得證：$\angle BFC = 90° - \dfrac{1}{2}\angle A$。

(3) $\overline{BI}$ 與 $\overline{CI}$ 分別平分 $\angle ABC$ 與 $\angle ACD$

$\Rightarrow \angle 1 = \angle 2$，$\angle 3 = \angle 4$

$\Rightarrow \angle 2 = \dfrac{1}{2}\angle ABC$，$\angle 4 = \dfrac{1}{2}\angle ACD$

$\angle BIC = \angle 4 - \angle 2 = \dfrac{1}{2}\angle ACD - \dfrac{1}{2}\angle ABC$

$= \dfrac{1}{2}(\angle ACD - \angle ABC) = \dfrac{1}{2}\angle A$

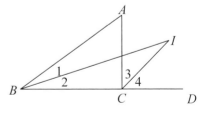

故得證：$\angle BIC = \dfrac{1}{2}\angle A$。

(4) 連 $\overline{BC}$，因為 $\overline{BO}$ 和 $\overline{DO}$ 分別平分 $\angle ABD$ 與 $\angle ACD$

∴ $\angle 1 = \angle 2$，$\angle 3 = \angle 4$

∵ $(\angle A + \angle 1 + \angle 2 + \angle 5 + \angle 6) +$

$(\angle D + \angle 3 + \angle 4 + \angle 5 + \angle 6)$

$= 180° + 180° = 360°$

$\Rightarrow (\angle A + \angle D) + (2\angle 2 + 2\angle 3 + 2\angle 5 + 2\angle 6) = 360°$

$\Rightarrow \dfrac{1}{2}(\angle A + \angle D) + (\angle 2 + \angle 3 + \angle 5 + \angle 6) = 180°$

又∵ $\angle O + (\angle 2 + \angle 3 + \angle 5 + \angle 6) = 180°$

故得證：$\angle O = \dfrac{1}{2}(\angle A + \angle D)$。

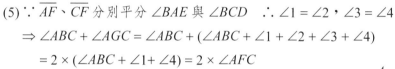

(5) ∵ $\overline{AF}$、$\overline{CF}$ 分別平分 $\angle BAE$ 與 $\angle BCD$　∴ $\angle 1 = \angle 2$，$\angle 3 = \angle 4$

$\Rightarrow \angle ABC + \angle AGC = \angle ABC + (\angle ABC + \angle 1 + \angle 2 + \angle 3 + \angle 4)$

$= 2 \times (\angle ABC + \angle 1 + \angle 4) = 2 \times \angle AFC$

故得證：$\angle AFC = \dfrac{1}{2}(\angle ABC + \angle AGC)$。

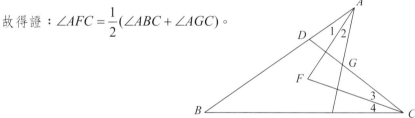

說明

　　以上五道問題都牽涉到角的平分，也就是一半角度的關係，而且這幾題是國中生學習幾何材料中司空見慣的證明題，其他還包括依此關係衍生出的計算題。我將以上這些問題稱之為「老太太」問題，課堂上會先哼唱一小段的「三輪車，跑得快，上面坐著老太太（或少女時代），要五毛，給一塊，你說奇怪不奇怪。」之後也會告訴學生「其實一點都不奇怪，因為搭一輛三輪車要五毛，但老太太們總共叫了兩輛三輪車，所以共給了一塊錢」；或是「因為搭一趟三輪車要五毛，但老太太來回共搭了兩趟，所以共給了一塊錢。」這樣賣關子的目的就是要學生自然地記下這些問題的證明策略：「要

五毛，給一塊」。以下用各式圖形區分相同的角度，可以更簡單呈現證明過程。

(1) $\angle A = \underline{180° - (○ + ○ + △ + △)}$ 　給一塊

　　　$\angle BIC = 180° - (○ + △) = 90° + \underline{[90° - (○ + △)]}$

　　　　　$= 90° + \dfrac{1}{2}\angle A$。　　要五毛

　　故得證：$\angle BIC = 90° + \dfrac{1}{2}\angle A$。

(2) $\angle A = \underline{(○ + ○ + △ + △) - 180°}$ 　給一塊

　　　$\angle BFC = 180° - (○ + △) = 90° - \underline{[(○ + △) - 90°]}$

　　　　　$= 90° - \dfrac{1}{2}\angle A$　　要五毛

　　故得證：$\angle BFC = 90° - \dfrac{1}{2}\angle A$。

(3) $\angle A = \underline{(△ + △) - (○ + ○)}$ 　給一塊

　　　$\angle BIC = \underline{△ - ○}$　　要五毛

　　故得證：$\angle BIC = \dfrac{1}{2}\angle A$。

(4) $(\angle A + \angle D) = \underline{360° - [(○ + ○ + □ + ◎) + (△ + △ + □ + ◎)]}$ 　給一塊

　　　$\angle O = \underline{180° - (○ + □ + ◎ + △)}$

　　故得證：$\angle O = \dfrac{1}{2}(\angle A + \angle D)$。　　要五毛

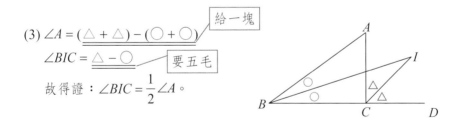

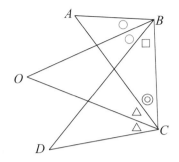
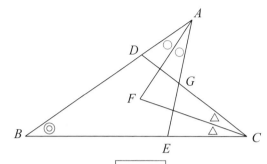

(5) $\angle ABC + \angle AGC = \underline{\textcircled{\odot}} + (\underline{\bigcirc + \bigcirc + \textcircled{\odot} + \triangle + \triangle})$　給一塊

$\angle AFC = \underline{\bigcirc + \textcircled{\odot} + \triangle}$　要五毛

故得證：$\angle AFC = \dfrac{1}{2}(\angle ABC + \angle AGC)$。

示例

　　(1) 解方程式 $3(2a - 1) = 6 + 5(a - 3)$ 的 a 值爲何？(2) 若 $x = 2$ 爲方程式 $\dfrac{x+1}{6} = 1 - \dfrac{a+x}{2}$ 的解，求 a 值爲何？(3) 若 x 的兩個方程式 $3x - 2 = x - 2$ 與 $\dfrac{3x+a}{2} - \dfrac{2ax-1}{4} = x$ 有相同的解，求 a 值爲何？

解答

(1) $3(2a - 1) = 6 + 5(a - 3)$　　　　　　　　　　　徒手救人

　　$\Rightarrow 6a - 5a - 3 = 6 - 15 \Rightarrow a - 3 = -9$，故 $a = -6$。

(2) 將 $x = 2$ 代入 $\dfrac{x+1}{6} = 1 - \dfrac{a+x}{2}$

　　$\Rightarrow \dfrac{3}{6} = 1 - \dfrac{a+2}{2} \Rightarrow \dfrac{1}{2} = 1 - \dfrac{a+2}{2}$　　　帶刀救人

　　$\Rightarrow 1 = 2 - (a + 2) \Rightarrow a + 2 = 1$，故 $a = -1$。

(3) $3x - 2 = x - 2 \Rightarrow x = -2$

　　$x = -2$ 代入 $\dfrac{3x+a}{2} - \dfrac{2ax-1}{4} = x$

奪刀救人

$$\Rightarrow \frac{3\times(-2)+a}{2}-\frac{2a\times(-2)-1}{4}=-2 \Rightarrow -3+\frac{a}{2}-\frac{-4a-1}{4}=-2$$

$$\Rightarrow -12+2a+4a+1=-8 \Rightarrow 6a=3 \text{，故 } a=\frac{1}{2}。$$

說明

　　以上第 (1) 題是直接解出一元一次方程式的解，我將它比喻成「徒手救人」；第 (2) 題是將代表數的值代入方程式，再將另一個代表數的值解出來，我將它比喻成「帶刀救人」；而第 (3) 題是先解出一個一元一次方程式的解，再將此代表數的值，代入另一個方程式，並解出其解，我將它比喻成「奪刀救人」。

示例

解方程式 $\frac{1}{2}\{\frac{1}{2}[\frac{1}{2}(\frac{1}{2}x-3)-3]-3\}-3=0$。

解答

$$\frac{1}{2}\{\frac{1}{2}[\frac{1}{2}(\frac{1}{2}x-3)-3]-3\}=3 \Rightarrow \frac{1}{2}[\frac{1}{2}(\frac{1}{2}x-3)-3]-3=6 \Rightarrow \frac{1}{2}[\frac{1}{2}(\frac{1}{2}x-3)-3]=9$$

$$\Rightarrow \frac{1}{2}(\frac{1}{2}x-3)-3=18 \Rightarrow \frac{1}{2}(\frac{1}{2}x-3)=21$$

$$\Rightarrow \frac{1}{2}x-3=42 \Rightarrow \frac{1}{2}x=45 \quad \therefore x=90。$$

> 有規則性的解方程式，等號兩邊依序先加 3，再乘以 2。

說明

　　本題通常直接以「移項法則」與「等量公理」求解，但若教學時，能夠帶領學生觀察解方程式的規則性（先加 3，再乘以 2），鼓勵或指定學生發表，並讓學生想想相對應的應用問題，相信更能扎實提升學生的數學素養。例如設想成問題：「有四個人取蘋果，第一人取全部的一半多 3 個，第二人

取第一人取剩的一半多 3 個，第三人取第二人取剩的一半多 3 個，第四人取第三人取剩的一半多 3 個，則剛好將所有蘋果取完，請問原有多少個蘋果？」

這時即可用更貼近生活經驗的思考模式解題：「將某人取剩的數量加 3 後，再乘以 2，即可得出此人未取之時的蘋果個數。」

$2(2(2(2(0 + 3) + 3) + 3) + 3) = 90$，所以原來的蘋果數量為 90 個。

示例

如圖，請問斜線區域的周長與面積為何？

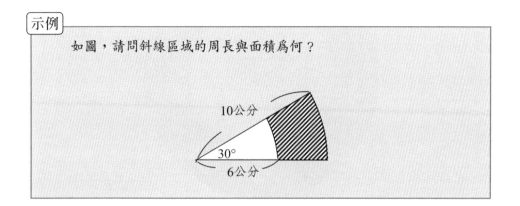

10公分

30°

6公分

解答

(1) 周長 $= (2\pi \times 6 + 2\pi \times 10) \times \dfrac{30°}{360°} + (10 - 6) \times 2 = \dfrac{8}{3}\pi + 8$（公分）

(2) 面積 $= (\pi \times 10^2 - \pi \times 6^2) \times \dfrac{30°}{360°} = \dfrac{16}{3}\pi$（平方公分）

所以周長為$(\dfrac{8}{3}\pi + 8)$公分，面積為$\dfrac{16}{3}\pi$平方公分。

說明

可以畫出小圓與大圓，讓學生更清楚「一口甜甜圈」與「甜甜圈」的整體位置關係，再與學生討論面積與周長的算法。

(1) 甜甜圈面積 = 大圓面積 – 小圓面積

(2) 甜甜圈周長 = 大圓周長 + 小圓周長

(3) 一口甜甜圈面積 $= \dfrac{圓心角度數}{360°} \times$（大圓面積 – 小圓面積）

(4) 一口甜甜圈周長 $= \dfrac{\text{圓心角度數}}{360°} \times (\text{大圓周長} + \text{小圓周長})$

$+ (\text{大圓半徑} - \text{小圓半徑}) \times 2$

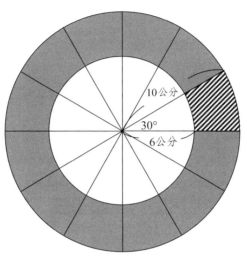

10公分

30°

6公分

一人少吃一口，十二口分給一條狗

示例

請計算 $2\dfrac{2}{3} \div (-0.6) \times (-\dfrac{3}{4})$ 之值為何？

解答

$$2\dfrac{2}{3} \div (-0.6) \times (-\dfrac{3}{4}) = \dfrac{8}{3} \div (-\dfrac{3}{5}) \times (-\dfrac{3}{4})$$

$$= \dfrac{\overset{2}{\cancel{8}}}{3} \times (-\dfrac{5}{\cancel{3}}) \times (-\dfrac{\cancel{3}}{\cancel{4}}) = \dfrac{10}{3} \text{。}$$

說明

　　分數的乘除運算，絕大多數的學生都知道「先約分，再相乘」可以簡化計算。於是我還會跟學生說「先相乘，再約分」，雖然也可得出結果，但就

像「先大吃，再減肥」，就算體重控制了，但過程會比較辛苦，所以「方向正確，事半功倍；方向不對，時間白費」。

示例

如圖，$\triangle ABC$ 中，若 $\overline{AB} < \overline{AC}$，則必可在 $\overline{BC}$ 上找到一點異於 B 的點 D，使得 $\overline{AD} = \overline{AB}$。

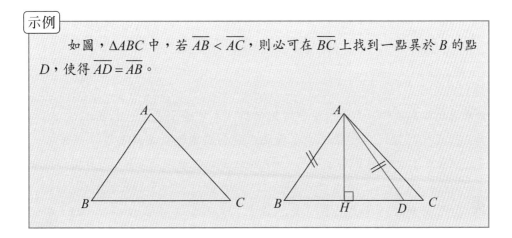

證明

(1) $\because \overline{AB} < \overline{AC}$ $\therefore \angle C < \angle B$，令 $\angle B - \angle C = x° > 0°$
(2) 作 $\overline{AH} \perp \overline{BC}$，則 $\angle HAC = \angle HAB + x°$
(3) 過 A 可作一線段 $\overline{AD}$，且使得 $\angle DAC = x°$，$\overline{AD}$ 交 $\overline{BC}$ 於 D
(4) $\because \angle ADB = \angle C + x° = \angle B$ $\therefore \overline{AD} = \overline{AB}$，故得證。

說明

以上這個定理在國中數學的幾何部分，占有很重要的地位，因為某些道理的成立與否，跟它有很大的關聯，所以我特別將它取了一個自認滿意的名稱叫「**大裡藏小**」定理，學生也很自然可以接受這個平易近人（像小車停入大車位一般）的名稱。以下我就要說說它跟國中幾何的密切關係。

（一）SSA 不一定全等性質：如果兩個三角形間有兩組邊對應相等，且其中有一組對應邊，它們的對角也相等，則兩個三角形的邊角關係稱為 SSA，我們可以從以下作圖確定兩個三角形不一定會全等。

已知：如下圖，已知長度為 a 與 b 的兩線段，且 $a < b$，$\angle 1$ 為銳角，請作一個三角形使得有兩邊長分別為 a 與 b，且邊長 a 的對角度數等於 $\angle 1$。

（如右下作圖中，$\angle ABC = \angle 1$，則 ΔABC 與 ΔABD 皆符合題意要求）

作圖：

就是因為作出來的三角形有兩種可能，所以才會說 SSA 不一定全等。

　　那產生兩個三角形皆符合題意要求的最根本理由是什麼呢？其實就是「大裡藏小」定理（因為 $a < b$），若將題目條件改為 $a \geq b$，則兩個三角形就一定會全等。

（二）三角形中「平行」與「比例線段」的關係：在 ΔABC 中，D、E 分別在 $\overline{AB}$、$\overline{AC}$ 上，若 $\overline{DE} \mathbin{/\mkern-5mu/} \overline{BC}$，則 $\overline{AD} : \overline{DB} = \overline{AE} : \overline{EC}$，$\overline{AD} : \overline{AB} = \overline{AE} : \overline{AC}$，$\overline{BD} : \overline{AB} = \overline{CE} : \overline{AC}$，$\overline{AD} : \overline{AB} = \overline{DE} : \overline{BC}$，$\overline{AE} : \overline{AC} = \overline{DE} : \overline{BC}$。

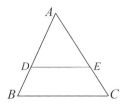

　　我習慣將 $\overline{AD} : \overline{DB}$、$\overline{AD} : \overline{AB}$、$\overline{BD} : \overline{AB}$ 稱為「左比」，而 $\overline{AE} : \overline{EC}$、$\overline{AE} : \overline{AC}$、$\overline{CE} : \overline{AC}$ 稱為「右比」，並將 $\overline{DE} : \overline{BC}$ 稱為「中比」，所以剛才的那些比例關係，換一種平實的講法就是當 $\overline{DE} \mathbin{/\mkern-5mu/} \overline{BC}$ 時，則「左比」會等於一致關係的「右比」；且「中比」會等於「左比 $\overline{AD} : \overline{AB}$」，也會等於「右比 $\overline{AE} : \overline{AC}$」。

　　而反過來，當 $\overline{AD} : \overline{DB} = \overline{AE} : \overline{EC}$ 或 $\overline{AD} : \overline{AB} = \overline{AE} : \overline{AC}$ 或 $\overline{BD} : \overline{AB} = \overline{CE} : \overline{AC}$ 時，則依然可得 $\overline{DE} \mathbin{/\mkern-5mu/} \overline{BC}$ 成立，也就是當有「左比」等於一致關係的「右比」時，則可確定 $\overline{DE} \mathbin{/\mkern-5mu/} \overline{BC}$。

只是當「中比」等於「左比 $\overline{AD}:\overline{AB}$」，或「中比」等於「右比 $\overline{AE}:$ $\overline{AC}$」時，$\overline{DE}\,/\!/\,\overline{BC}$ 的關係就不一定成立了，其理由如下。

如下圖，已知 $\angle A < \angle AED$（或 $\overline{DE} < \overline{DA}$），且 $\overline{AD}:\overline{AB} = \overline{DE}:\overline{BC}$，依照「大裡藏小」定理，這樣的 $\overline{DE}$ 位置有兩種可能（如下圖示），而兩條不同位置的 $\overline{DE}$ 中，有一條會與 $\overline{BC}$ 平行，但另一條不會與 $\overline{BC}$ 平行。故當 $\angle A$ 與 $\angle AED$ 的大小關係不明，僅靠 $\overline{AD}:\overline{AB} = \overline{DE}:\overline{BC}$ 這個條件，我們是無法確立 $\overline{DE}\,/\!/\,\overline{BC}$ 的成立與否。

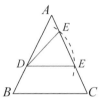

示例

> 已知有濃度 10% 的食鹽水 100 克，請問需要加入濃度 5% 的食鹽水多少克，才可混合成濃度 7% 的食鹽水？

解答

設加入濃度 5% 的食鹽水為 x 克，則混合的食鹽水共 $(100 + x)$ 克

$$100 \times \frac{10}{100} + x \times \frac{5}{100} = (100 + x) \times \frac{7}{100}$$

$\Rightarrow 100 \times 10 + x \times 5 = (100 + x) \times 7 \Rightarrow 1000 + 5x = 700 + 7x$

$\Rightarrow 2x = 300 \quad \therefore x = 150$

所以濃度 5% 的食鹽水為 150 克。

說明

濃度的變化問題，常攪得不少學生的思緒混淆不清。我覺得透過圖像與表格表徵，並讓學生模擬「食鹽放入水中」的情境，可以讓他們更清楚個中道理。以下是老師畫在黑板上的圖與表格，而在學生的材料中最好也有相同

呈現，若沒有的話，可以請學生畫上。

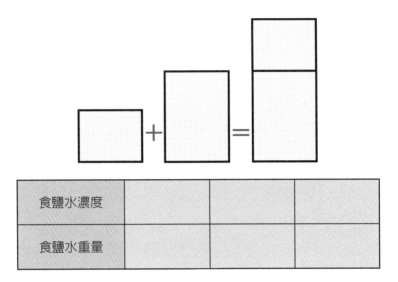

食鹽水濃度			
食鹽水重量			

　　接下來指導學生如下依序填入食鹽水的濃度與重量，並畫出食鹽的概量，之後再進入「列方程式」與「解方程式」的階段。

食鹽水濃度	10%		
食鹽水重量	100		

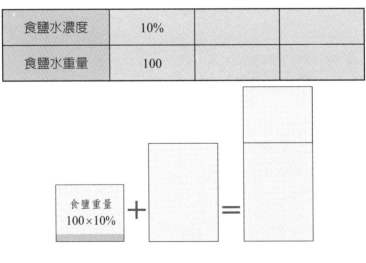

食鹽水濃度	10%	5%	
食鹽水重量	100	x	

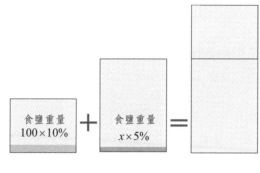

食鹽水濃度	10%	5%	7%
食鹽水重量	100	x	$100 + x$

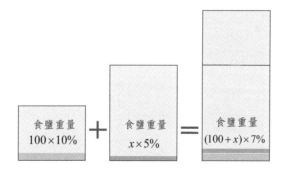

示例

　　已知有甲、乙兩種不同濃度的酒水溶液，其中甲溶液有 60 克，且含 15 克的酒；乙溶液有 120 克，且含 90 克的酒，請問要取多少克的乙溶液放入甲溶液，可使甲溶液的含酒濃度成為 35%？

解答

設取 x 克的乙溶液放入甲溶液，則 x 克的乙溶液中含酒 $\dfrac{90}{120}x = \dfrac{3}{4}x$ 克

$$\dfrac{15 + \dfrac{3}{4}x}{60 + x} = \dfrac{35}{100} \Rightarrow 100 \times (15 + \dfrac{3}{4}x) = 35 \times (60 + x)$$

$$\Rightarrow 1500 + 75x = 2100 + 35x \Rightarrow 40x = 600 \Rightarrow x = 15$$

所以要取 15 克的乙溶液放入甲溶液。

說明

　　教師可以在黑板上畫出如下的表格，而在學生的材料中最好也有相同呈現，若沒有的話，可以請學生畫上，再由教師引導學生一起完成表格內容。

溶液	甲	乙	甲 + 乙
酒重量	15		
酒水重量	60		
濃度		$\dfrac{90}{120} = \dfrac{3}{4}$ （或 75%）	

溶液	甲	乙	甲 + 乙
酒重量	15	$\dfrac{3}{4}x$	
酒水重量	60	x	
濃度		$\dfrac{90}{120} = \dfrac{3}{4}$ （或 75%）	

溶液	甲	乙	甲 + 乙
酒重量	15	$\dfrac{3}{4}x$	$15 + \dfrac{3}{4}x$
酒水重量	60	x	$60 + x$
濃度		$\dfrac{90}{120} = \dfrac{3}{4}$ （或 75%）	35%

示例

請比較 $\dfrac{7}{50}$、$\dfrac{8}{51}$、$\dfrac{9}{52}$ 三個分數的大小關係為何？

解答

$$\dfrac{7}{50} = 1 - \dfrac{43}{50},\ \dfrac{8}{51} = 1 - \dfrac{43}{51}、\dfrac{9}{52} = 1 - \dfrac{43}{52}$$

$$\therefore \dfrac{43}{50} > \dfrac{43}{51} > \dfrac{43}{52} \quad \therefore \dfrac{9}{52} > \dfrac{8}{51} > \dfrac{7}{50}。$$

說明

　　教師可以補充「知覺體驗」：「一杯重 50 公克的食鹽水中，含食鹽重 7 公克，若將這杯濃度 $\dfrac{7}{50}$ 的食鹽水，放入食鹽 1 公克，喝起來有怎樣不同的感覺？若再放入食鹽 1 公克，喝起來又有怎樣不同的感覺？⋯⋯是不是感覺越來越鹹呢？」相信多了這一層大多數人曾經「有感的知道」，學生更能了解為何任意真分數的分子、分母加上同一個正數後，它的值會變大了。

　　此外為了增添趣味，我也問過學生：「真的雪球會越滾越怎樣？」當學生回答「大」後，我會説：「真分數的分子、分母加上同一個正數，就像滾雪球一樣，雪球的上與下不斷增雪，真分數會越滾越大。」

$$\dfrac{7}{50} < \dfrac{7+1}{50+1} < \dfrac{7+1+1}{50+1+1} < \cdots\cdots$$

滾雪球，真的越滾越大

主題五 轉換自如，平衡知性和理性

示例

(1) 請計算 $|2 - 3 \times 4| - |-3 \times 2 + 7|$ 為何？(2) 請化簡 $\dfrac{1}{\sqrt{5}-1} - \dfrac{2}{3-\sqrt{5}}$ 為

何？

解答

(1) $|2 - 3 \times 4| - |-3 \times 2 + 7| = |2 - 12| - |-6 + 7|$

$= |-10| - |1| = 10 - 1 = 9$。

(2) $\dfrac{1}{\sqrt{5}-1} - \dfrac{2}{3-\sqrt{5}} = \dfrac{1 \times (\sqrt{5}+1)}{(\sqrt{5}-1)(\sqrt{5}+1)} - \dfrac{2 \times (3+\sqrt{5})}{(3-\sqrt{5})(3+\sqrt{5})}$

$= \dfrac{\sqrt{5}+1}{(\sqrt{5})^2 - 1^2} - \dfrac{2 \times (3+\sqrt{5})}{3^2 - (\sqrt{5})^2} = \dfrac{\sqrt{5}+1}{5-1} - \dfrac{2 \times (3+\sqrt{5})}{9-5}$

$= \dfrac{\sqrt{5}+1}{4} - \dfrac{3+\sqrt{5}}{2} = \dfrac{\sqrt{5}}{4} + \dfrac{1}{4} - \dfrac{3}{2} - \dfrac{\sqrt{5}}{2} = (\dfrac{1}{4} - \dfrac{1}{2})\sqrt{5} + (\dfrac{1}{4} - \dfrac{3}{2}) = -\dfrac{5}{4} - \dfrac{1}{4}\sqrt{5}$。

說明

以上有一題是絕對值的計算問題，一題是根式的化簡問題，某些時機下，我會使用「分解目標」的方式進行教學，也就是「有先有後」處理各部分，最後再一起處理。

(1)

$|2 - 3 \times 4| - |-3 \times 2 + 7|$

$= |2 - 12|$

$= |-10|$

$= 10$

⟹

$|2 - 3 \times 4| - |-3 \times 2 + 7|$

$= |2 - 12| - |-6 + 7|$

$= |-10| - |1|$

$= 10 - 1$

$$\left| 2 - 3 \times 4 \right| - \boxed{\left| -3 \times 2 + 7 \right|}$$

$$= \left| 2 - 12 \right| - \left| -6 + 7 \right|$$

$$= \left| -10 \right| - \left| 1 \right|$$

$$= 10 - 1$$

$$= 9$$

(2)

$$\boxed{\dfrac{1}{\sqrt{5}-1}} - \dfrac{2}{3-\sqrt{5}}$$

$$= \dfrac{1 \times (\sqrt{5}+1)}{(\sqrt{5}-1)(\sqrt{5}+1)}$$

$$= \dfrac{\sqrt{5}+1}{(\sqrt{5})^2 - 1^2}$$

$$= \dfrac{\sqrt{5}+1}{5-1}$$

$$= \dfrac{\sqrt{5}+1}{4}$$

$$= \dfrac{\sqrt{5}}{4} + \dfrac{1}{4}$$

$$\dfrac{1}{\sqrt{5}-1} - \boxed{\dfrac{2}{3-\sqrt{5}}}$$

$$= \dfrac{1 \times (\sqrt{5}+1)}{(\sqrt{5}-1)(\sqrt{5}+1)} - \dfrac{2 \times (3+\sqrt{5})}{(3-\sqrt{5})(3+\sqrt{5})}$$

$$= \dfrac{\sqrt{5}+1}{(\sqrt{5})^2 - 1^2} - \dfrac{2 \times (3+\sqrt{5})}{3^2 - (\sqrt{5})^2}$$

$$= \dfrac{\sqrt{5}+1}{5-1} - \dfrac{2 \times (3+\sqrt{5})}{9-5}$$

$$= \dfrac{\sqrt{5}+1}{4} - \dfrac{3+\sqrt{5}}{2}$$

$$= \dfrac{\sqrt{5}}{4} + \dfrac{1}{4} - \dfrac{3}{2} - \dfrac{\sqrt{5}}{2}$$

$$\frac{1}{\sqrt{5}-1} \boxed{-\frac{2}{3-\sqrt{5}}}$$

$$= \frac{1 \times (\sqrt{5}+1)}{(\sqrt{5}-1)(\sqrt{5}+1)} - \frac{2 \times (3+\sqrt{5})}{(3-\sqrt{5})(3+\sqrt{5})}$$

$$= \frac{\sqrt{5}+1}{(\sqrt{5})^2 - 1^2} - \frac{2 \times (3+\sqrt{5})}{3^2 - (\sqrt{5})^2}$$

$$= \frac{\sqrt{5}+1}{5-1} - \frac{2 \times (3+\sqrt{5})}{9-5}$$

$$= \frac{\sqrt{5}+1}{4} - \frac{3+\sqrt{5}}{2}$$

$$= \frac{\sqrt{5}}{4} + \frac{1}{4} - \frac{3}{2} - \frac{\sqrt{5}}{2}$$

$$= (\frac{1}{4} - \frac{1}{2})\sqrt{5} + (\frac{1}{4} - \frac{3}{2}) = -\frac{5}{4} - \frac{1}{4}\sqrt{5}$$

老猴智取蘋果：分解目標

　　古印度流傳捕捉猴子的妙法：在猴群經常出沒的原始森林裡，放上一張裝有抽屜的桌子，抽屜裡放一個蘋果，然後將抽屜拉開並固定在猴子的手能伸進去，但蘋果拿不出來的程度。獵人遠離桌子，靜靜地觀察等候。因此經常出現猴子將手伸進抽屜裡取蘋果，因為不肯放棄，終被獵人捉走的有趣畫面。

　　有一天，獵人想用這個方法擒捉一隻在附近活動很久的老猴子。過沒多久，那隻猴子將一隻手伸進抽屜裡取蘋果，當然也是取不出來。後來牠又將另一隻手伸了進去，兩隻手快速地在抽屜裡翻動。沒一會兒，蘋果被牠用尖銳指甲摳削成碎塊。猴子用手掏出碎塊，一塊接一塊吃了起來，吃完後，心滿意足地揚長而去。

示例

請因式分解 $2xy - 3 + 2y - 3x$ 爲何？

解答

$$2xy - 3 + 2y - 3x = 2xy + 2y - 3x - 3$$
$$= 2y(x + 1) - 3(x + 1) = (x + 1)(2y - 3)$$

解答

$$2xy - 3 + 2y - 3x = 2xy + 2y - 3x - 3$$
$$= x(2y - 3) + (2y - 3) = (2y - 3)(x + 1) 。$$

說明

利用分組提公因式作因式分解，在式子上可以用不同底線區分組別，也可以用彩色粉筆將同組的圍起來。

$$\underline{2xy - 3} + \underline{2y - 3x} = 2xy + 2y - 3x - 3$$
$$= 2y(x + 1) - 3(x + 1) = (x + 1)(2y - 3)$$

$$(2xy - 3 + 2y - 3x) = 2y(x + 1) - 3(x + 1) = (x + 1)(2y - 3)$$

$$\underline{2xy - 3} + \underline{2y - 3x} = 2xy - 3x + 2y - 3$$
$$= x(2y - 3) + (2y - 3) = (2y - 3)(x + 1)$$

$$(2xy - 3 + 2y - 3x) = x(2y - 3) + (2y - 3) = (2y - 3)(x + 1) 。$$

示例

請化簡 $(3a - 2b - d)(d - 2b - 3a)$ 爲何？

解答

$(3a-2b-d)(d-2b-3a) = [-2b+(3a-d)][-2b-(3a-d)] = (-2b)^2 - (3a-d)^2$
$= 4b^2 - (9a^2 - 6ad + d^2) = 4b^2 - 9a^2 + 6ad - d^2$。

說明

可以將「相等式」以矩形框標示，「相反式」以正立三角形和倒立三角形標示。

$$(3a - 2b - d)(d - 2b - 3a)$$
$$= [-2b+(3a-d)][-2b-(3a-d)] = (-2b)^2 - (3a-d)^2$$
$$= 4b^2 - (9a^2 - 6ad + d^2) = 4b^2 - 9a^2 + 6ad - d^2$$。

示例

(1) 計算 $(1+\dfrac{1}{2}+\dfrac{1}{3}+\cdots+\dfrac{1}{20})(\dfrac{1}{2}+\dfrac{1}{3}+\cdots+\dfrac{1}{21})-(1+\dfrac{1}{2}+\dfrac{1}{3}+\cdots+\dfrac{1}{21})(\dfrac{1}{2}+\dfrac{1}{3}+\cdots+\dfrac{1}{20})$ 之值為何？(2) 請問方程式 $(x-127)(x-128)=12$ 的解為何？

解答

(1) 令 $a = \dfrac{1}{2}+\dfrac{1}{3}+\cdots+\dfrac{1}{20}$

求值式 $= (1+a)(a+\dfrac{1}{21})-(1+a+\dfrac{1}{21})\times a$

$\qquad = (a+\dfrac{1}{21}+a^2+\dfrac{1}{21}a)-(a+a^2+\dfrac{1}{21}a) = \dfrac{1}{21}$。

(2) 令 $x-127 = y$

$\therefore y(y-1) = 12 \Rightarrow y^2 - y - 12 = 0 \Rightarrow (y-4)(y+3) = 0$

$\therefore y = 4$ 或 $y = -3 \Rightarrow x = 4+127 = 131$ 或 $x = -3+127 = 124$

故 $x = 131$ 或 $x = 124$。

說明

　　教學時，若式子相對複雜，推進的速度宜適時放緩，並多做些標示。而這類代數轉換的解法，我稱之為「**只打蒼蠅，不打老虎**」（武松打虎，武大郎打蒼蠅），從數學解題的觀點，就是「將老虎變成蒼蠅」或「欺善怕惡」。

(1) 令 $a = \dfrac{1}{2} + \dfrac{1}{3} + \cdots + \dfrac{1}{20}$

$$(1 + \boxed{\dfrac{1}{2} + \dfrac{1}{3} + \cdots + \dfrac{1}{20}})(\boxed{\dfrac{1}{2} + \dfrac{1}{3} + \cdots + \dfrac{1}{20}} + \dfrac{1}{21}) - (1 + \boxed{\dfrac{1}{2} + \dfrac{1}{3} + \cdots + \dfrac{1}{20}} + \dfrac{1}{21})(\boxed{\dfrac{1}{2} + \dfrac{1}{3} + \cdots + \dfrac{1}{20}})$$

| 老虎變蒼蠅 |

$$= (1 + a)(a + \dfrac{1}{21}) - (1 + a + \dfrac{1}{21}) \times a$$

$$= (a + \dfrac{1}{21} + a^2 + \dfrac{1}{21}a) - (a + a^2 + \dfrac{1}{21}a) = \dfrac{1}{21} \ \circ$$

| 老虎變蒼蠅 |

(2) 令 $x - 127 = y$

$$(x-127)(x-128) = 12 \Rightarrow \boxed{(x-127)}(\boxed{x-127}-1) = 12 \Rightarrow y(y-1) = 12$$

$$\Rightarrow y^2 - y - 12 = 0 \Rightarrow (y-4)(y+3) = 0$$

$$\therefore y = 4 \text{ 或 } y = -3 \Rightarrow x = 4 + 127 = 131 \text{ 或 } x = -3 + 127 = 124$$

故 $x = 131$ 或 $x = 124$。

示例

　　黃先生以每小時 2 公里的速率，從 4 公里遠的地方走路回家，此時他身旁的狗卻以每小時 10 公里的速率先跑回家，狗一回到家就立即回頭，再跑到黃先生身邊，然後又立即跑回家……。請問這隻來回跑來跑去的狗，在黃先生回到家之時，牠一共跑了多少路程？

解答

因為黃先生以每小時 2 公里的速率走 4 公里，$4 \div 2 = 2$，所以他回到家需花 2 小時。

又狗以每小時 10 公里的速率不停地跑 2 個小時，$10 \times 2 = 20$，所以牠總共跑了 20 公里的路程。

說明

　　當人的腦袋承受太多混雜訊息，這時思考更容易產生紊亂，無法對事實中的各項細節與關係得出清晰的判斷，這樣的狀況很像國中生在初學幾何問題時，常被大範圍重疊的圖形搞混，無法精準找到關鍵處切入一樣。所以如何讓學生「想得開」與「看得開」（看得清楚與想得清楚），對教師來説，或許可以畫個火柴屋、火柴人、火柴狗以輔助學生理解題意。

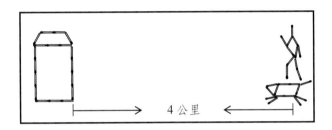

　　若從設計的角度來看這一道問題，設計者將人與狗巧妙結合在一起。解題者如果不能由人走路的時間轉換出狗跑來跑去的時間，且過度執著人、狗相遇的位置，解題成功率與效率恐怕會大打折扣。時機適當的情況下，教師可以再多畫兩個圖，以及寫首簡單又有點數學味的小詩，幫助學生更清楚掌握解題關鍵。

(1) 黃先生走回到家共花了多少時間：

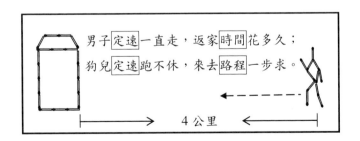

(2) 狗在 (1) 所算得的時間內共跑了多少路程：

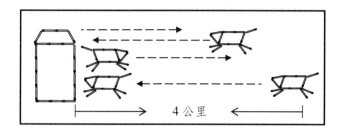

4公里

示例

　　有人說:「紅花不香,香花不紅,只有牡丹花又香又紅。」這句話的意思是說:「有些紅花不會散發香氣,有些香花不是紅色的,唯獨牡丹花既會散發香氣,而且是紅色的。」如果以上這句話千真萬確,請問現有紅花與香花共 90 朵,其中紅花有 52 朵,香花有 66 朵,請問牡丹花有多少朵?

解答

　　「紅花與香花」的總花朵數中扣除「紅花」的朵數就是「香而不紅的花」的朵數,所以「香而不紅的花」有 90 – 52 = 38 朵。

　　「香花」的花朵數中扣除「香而不紅的花」的朵數就是「又香又紅的花」的朵數,所以「又香又紅」的牡丹花共有 66 – 38 = 28 朵。

說明

　　如同前一題一樣,可以畫個圖表示「紅花」、「香花」、「紅而不香的花」、「香而不紅的花」、「又香又紅的花」的關係,幫助學生「看得開」與「想得開」。

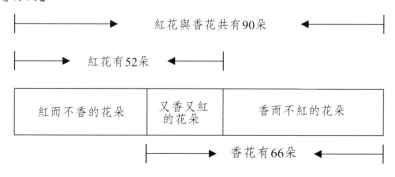

　　利用文氏圖表徵關係固然很好，但對於理解能力比較弱的學生，或許可以再進一步的表徵說明。

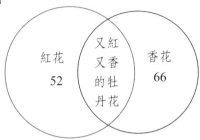

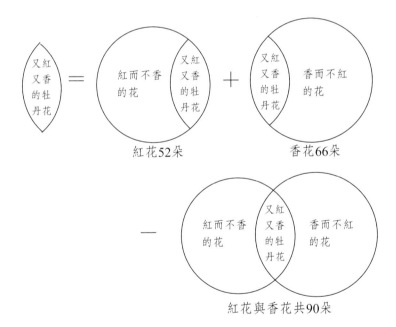

紅花52朵　　　　　　香花66朵

紅花與香花共90朵

$52 + 66 - 90 = 28$，所以牡丹花共有 28 朵。

示例

　　小芳統計今年整個寒假的假期中，共有 11 天每天多少都下了些雨。在這 11 天當中，若上午下雨，則下午必定爲晴天；若下午有雨，則上午一定是晴天。若整個寒假中總共有 9 個晴朗的上午與 12 個晴朗的下午，請問整個寒假中有多少天是整日沒下雨的？上午下雨且下午晴朗的有多少天？

解答

設上午、下午均晴朗的有 x 天；上午下雨且下午晴朗的有 y 天

$\Rightarrow$ 上午晴朗且下午下雨的有 $(11-y)$ 天

$\begin{cases} x+(11-y)=9 \\ x+y=12 \end{cases} \Rightarrow 2x=10 \Rightarrow x=5，y=7$

		11		
上午	晴……晴	晴……晴	雨……雨
上午	晴……晴	雨……雨	晴……晴
		x		y

所以假期中整日沒下雨的有 5 天，上午下雨且下午晴朗的有 7 天。

說明

　　以上是我教學經歷中，學生測驗卷上的問題與解答，解答上也有附圖，雖然解錯的人數比例滿高的，但透過講解之後，弄懂題意與解法的人數增加了許多。但若能以文氏圖表徵，並呈現更清楚的真實關係，相信解法不只變得簡單，弄懂的學生數也會增加。而若完全不用圖像表徵，就算老師講得口沫橫飛，可能有相當多的學生還是一頭霧水。

　　因為假期中只要有下雨，必定只下半天，又假期中總共有 9 個晴朗上午與 12 個晴朗下午，$(9+12-11) \div 2 = 10 \div 2 = 5$，$12-5=7$，所以假期中整日沒下雨的有 5 天，上午下雨且下午晴朗的有 7 天。

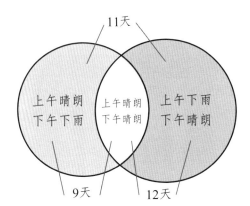

示例

(1) 如圖①，$\triangle ABC$ 中，$\overline{AB} = 8$，$\overline{AC} = 10$，$\overline{BP}$ 與 $\overline{CP}$ 分別為 $\angle ABC$ 與 $\angle ACB$ 的平分線，過 P 作一直線平行 $\overline{BC}$，分別交 $\overline{AB}$、$\overline{AC}$ 於 D、E，求 $\triangle ADE$ 的周長為何？(2) 如圖②，$\triangle ABC$ 中，直線 L 為 $\overline{BC}$ 的中垂線，P 點為直線 L 與 $\overline{AB}$ 的交點，若 $\overline{AB} = 15$，$\overline{AC} = 12$，求 $\triangle APC$ 的周長為何？

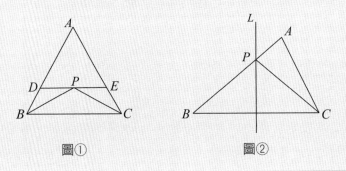

圖①　　　　　　　圖②

解答

(1) $\overline{BP}$ 與 $\overline{CP}$ 分別平分 $\angle ABC$ 與 $\angle ACB$

　　$\Rightarrow \angle 1 = \angle 2$，$\angle 4 = \angle 5$

　　又 $\overline{DE} \,/\!/\, \overline{BC} \Rightarrow \angle 2 = \angle 3$，$\angle 5 = \angle 6$

　　$\Rightarrow \angle 1 = \angle 3$，$\angle 4 = \angle 6 \Rightarrow \overline{DB} = \overline{DP}$，$\overline{EC} = \overline{EP}$

　　$\triangle ADE$ 的周長 $= \overline{AD} + \overline{AE} + \overline{DE} = \overline{AD} + \overline{AE} + \overline{DP} + \overline{EP}$

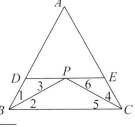

$$= \overline{AD} + \overline{AE} + \overline{DB} + \overline{EC}$$

$$= (\overline{AD} + \overline{DB}) + (\overline{AE} + \overline{EC}) = \overline{AB} + \overline{AC} = 8 + 10 = 18 \text{ 。}$$

(2) ∵ 直線 L 為 $\overline{BC}$ 的中垂線，且 P 點在直線 L 上 ∴ $\overline{PB} = \overline{PC}$

$\triangle APC$ 的周長 $= \overline{AC} + \overline{AP} + \overline{PC} = \overline{AC} + \overline{AP} + \overline{PB} = \overline{AC} + \overline{AB}$

$$= 12 + 15 = 27 \text{ 。}$$

說明

第 (1) 小題中「$\triangle ADE$ 的周長等於 $\overline{AB} + \overline{AC}$」，有點像做柔軟操時，雙腳從打直變成兩腳底相接，兩小腿連成一線的過程，雖然姿勢改變，但兩腿長的總和一樣；而第 (2) 小題中「$\overline{AB} = \overline{AP} + \overline{PC}$」如同把一隻腳從打直變成彎曲的過程，雖然姿勢改變，但腿長不變。

(1)

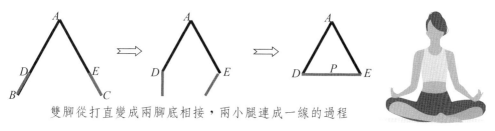

雙腳從打直變成兩腳底相接，兩小腿連成一線的過程

(2)

一隻腳從打直到彎曲的過程

有時讀書累了，可以站起來跟著老師這樣做（老師示範給同學看）

示例

　　如圖，已知任意四邊形 $ABCD$，請證明 $\triangle AOB$ 面積 $\times \triangle COD$ 面積 $=$ $\triangle AOD$ 面積 $\times \triangle BOC$ 面積。

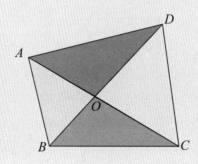

證明

　　$\because \triangle AOB$ 面積：$\triangle BOC$ 面積 $= \overline{AO}：\overline{CO}$（同高）

　　且 $\triangle AOD$ 面積：$\triangle COD$ 面積 $= \overline{AO}：\overline{CO}$（同高）

　　$\Rightarrow \triangle AOB$ 面積：$\triangle BOC$ 面積 $= \triangle AOD$ 面積：$\triangle COD$ 面積

　　故得證：$\triangle AOB$ 面積 $\times \triangle COD$ 面積 $= \triangle AOD$ 面積 $\times \triangle BOC$ 面積。

說明

　　任意四邊形的兩對角線會將原四邊形分割成四個三角形，其中兩組相對三角形的面積乘積會相等。由於它是中小學數學中很基本而實用的面積關係，且又因為面「積」的乘「積」相等，所以我稱它為「**四邊形小積積定理**」，以下兩個問題的道理可以當作是由它延伸出的結果。

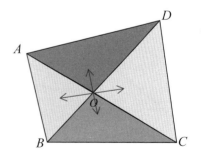

問題1：梯形 $ABCD$ 中，$\overline{AD} \parallel \overline{BC}$，若 $\triangle AOD$、$\triangle BOC$ 的面積分別為 a、b，請問 $\triangle AOB$ 面積、$\triangle COD$ 面積與梯形 $ABCD$ 各是多少？

解答

$\because \overline{AD} // \overline{BC}$ $\therefore \triangle ABC$ 面積 $= \triangle DBC$ 面積（等高）

$\Rightarrow \triangle ABC$ 面積 $- \triangle OBC$ 面積

　　$= \triangle DBC$ 面積 $- \triangle OBC$ 面積

$\Rightarrow \triangle AOB$ 面積 $= \triangle DOC$ 面積（令為 x）

由 $\triangle AOB$ 面積 $\times \triangle DOC$ 面積

$= \triangle AOD$ 面積 $\times \triangle BOC$ 面積

$\Rightarrow x^2 = \triangle AOD$ 面積 $\times \triangle BOC$ 面積 $= ab \Rightarrow \Rightarrow x = \sqrt{ab}$

故 $\triangle AOB$ 面積 $= \triangle COD$ 面積 $= \sqrt{ab}$

故梯形 $ABCD$ 的面積 $= a + b + 2\sqrt{ab} = (\sqrt{a} + \sqrt{b})^2$。

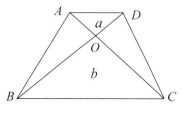

問題 2：如圖，$\triangle ABC$ 中，$\overline{DE} // \overline{AC}$，$\overline{EF} // \overline{AB}$，若 $\triangle BDE$、$\triangle CEF$ 的面積分別為 a、b，請問 $\triangle ABC$ 的面積為何？

解答

$\because \overline{DE} // \overline{AC}$，$\overline{EF} // \overline{AB} \Rightarrow DEFA$ 為平行四邊形

$\therefore \overline{DE} = \overline{AF}$，$\overline{EF} = \overline{AD}$

作 $\overline{AC'} // \overline{BC}$，且 $\overline{AC'}$ 交 $\overline{DE}$ 的延長線於 C'

$\Rightarrow AC'EC$ 為平行四邊形

由 $\overline{AC'} = \overline{EC}$，$\overline{AD} = \overline{EF}$，$\angle C'AD = \angle ABC = \angle CEF$

$\Rightarrow \triangle AC'D = \triangle ECF$（$SAS$） $\therefore \triangle AC'D$ 面積 $= \triangle ECF$ 的面積 $= b$

$\Rightarrow \triangle C'BD$ 的面積 $= \triangle ADE$ 的面積 $= \sqrt{ab} \Rightarrow$ 平行四邊形 $DEFA = 2\sqrt{ab}$

故 $\triangle ABC$ 的面積 $= a + b + 2\sqrt{ab} = (\sqrt{a} + \sqrt{b})^2$。

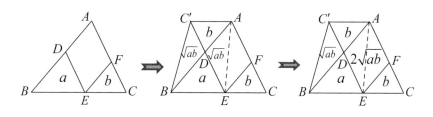

示例

請因式分解下列各式：

(1) $6x^2 - 11x + 3$；(2) $2(x + 1)^2 - x^2 - 2x - 17$；

(3) $2x^2 + 5xy + 3y^2$；(4) $7(x - 1)^2 + 4(x - 1)(y + 2) - 20(y + 2)^2$；

(5) $2y + 2xy - 3x - 3$；(6) $x^2 - 8xy + 15y^2 + 2x - 4y - 3$；

(7) $(x + 1)(x + 2)(x + 3)(x + 4) - 360$；(8) $(x^2 + 5x + 6)(x^2 + 20x + 96) - 4x^2$；

(9) $ac + ad + bc + bd$；(10) $27x^3 - 9x^2 + 3x - 1$。

解答

(1) $6x^2 - 11x + 3 = (3x - 1)(2x - 3)$

(2) $2(x + 1)^2 - x^2 - 2x - 17 = x^2 + 2x - 15 = (x + 5)(x - 3)$

(3) $2x^2 + 5xy + 3y^2 = (2x + 3y)(x + y)$

(4) $7(x - 1)^2 + 4(x - 1)(y + 2) - 20(y + 2)^2$

$\quad = [7(x - 1) - 10(y + 2)][(x - 1) + 2(y + 2)]$

$\quad = (7x - 10y - 27)(x + 2y + 3)$

(5) $2y + 2xy - 3x - 3 = 2xy + 2y - 3x - 3 = (x + 1)(2y - 3)$

(6) $x^2 - 8xy + 15y^2 + 2x - 4y - 3 = (x - 5y)(x - 3y) + (2x - 4y) - 3$

$\quad = [(x - 5y) + 3][(x - 3y) - 1] = (x - 5y + 3)(x - 3y - 1)$

(7) $(x + 1)(x + 2)(x + 3)(x + 4) - 360 = [(x + 1)(x + 4)][(x + 2)(x + 3)] - 360$

$\quad = (x^2 + 5x + 4)(x^2 + 5x + 6) - 360 = \underline{(x^2 + 5x)^2 + 10(x^2 + 5x) - 336}$

$\quad = (x^2 + 5x - 14)(x^2 + 5x + 24) = (x + 7)(x - 2)(x^2 + 5x + 24)$ 重建成「黃金型」

(8) $(x^2 + 5x + 6)(x^2 + 20x + 96) - 4x^2 = (x + 2)(x + 3)(x + 8)(x + 12) - 4x^2$

$\quad = [(x + 2)(x + 12)][(x + 3)(x + 8)] - 4x^2 = (x^2 + 14x + 24)(x^2 + 11x + 24) - 4x^2$

$\quad = (x^2 + 24)^2 + 25x(x^2 + 24) + 150x^2 = (x^2 + 10x + 24)(x^2 + 15x + 24)$

$\quad = (x + 6)(x + 4)(x^2 + 15x + 24)$ 重建成「樹木型」

(9) $ac + ad + bc + bd = ac + (ad + bc) + bd = (a + b)(c + d)$

(10) $27x^3 - 9x^2 + 3x - 1 = (9x^2 + 1)(3x - 1)$

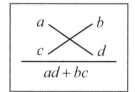
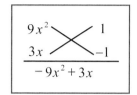

$$a \times b$$
$$c \times d$$
$$\overline{ad+bc}$$

$$9x^2 \times 1$$
$$3x \times -1$$
$$\overline{-9x^2+3x}$$

說明

　　雖然數學上因式分解的技巧很多，但以解決大多數國中生經常遇到的材料而言，「十字交乘法」算是很實用的方法，其解題要訣在於必須將多項式分成「前、中、後」三部分，且可滿足「前後分解，交乘等於中間」。依此我將常見的題型分成「金、木、水、火、土」，也就是本題 (1)～(10) 的五種形式。

　　(1)(2) 黃金型（最基本而重要的）：「前、中、後」依序為「A^2：A：常數」。

　　(3)(4) 樹木型（樹木兩頭大大的，中間長長的）：「前、中、後」依序為「A^2：AB：B^2」。

　　(5)(6) 流水型（水由高處往低處流，二次項為前，一次項為中，常數項為後）：「前、中、後」依序為「$(x^2 \cdot xy \cdot y^2)$：$(x \cdot y)$：常數」。

　　(7)(8) 火焰型（從外表觀察，未具有前三型的明顯樣式）：必須經過幾個改造步驟，才可重建成前三型者。

　　(9)(10) 陶土型（自由創作型）：只要能夠分成「前、中、後」，且「前後分解，交乘等於中間」者。

示例

　　某國中男女學生共3150人，其中一年級男生比二年級男生多100人，二年級男生比三年級男生多50人；一年級女生比二年級女生多100人，但二、三年級的女生人數相同，請問一年級男女生共有多少人？

解答

(3150 − 100 − 50 − 50 − 100) ÷ 3 = 950

所以三年級男女生共 950 人

950 + 100 + 50 + 100 = 1200

故一年級男女生共有 1200 人。

解答

(3150 + 100 + 100 + 50 + 100 + 100) ÷ 3 = 1200

故一年級男女生共有 1200 人。

說明

　　這算是「整數四則運算」的基本應用問題，可以畫個圖跟學生比較兩種解法的差異性。若以求「一年級男女生共有多少人」的解題目標而論，第一種解法算是「小處著眼」，再「小處著手」（如圖(1)）；第二種解法則是「大處著眼」，再「小處著手」（如圖(2)）。

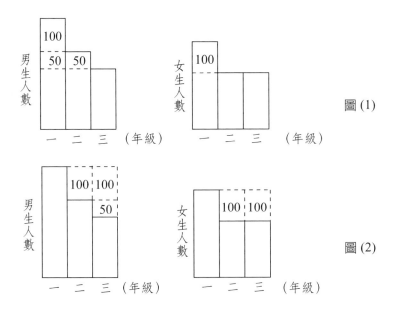

圖(1)

圖(2)

示例

(1) 如下圖，正 ΔABC 內部任一點 P，且 $\overline{PD} \perp \overline{AB}$，$\overline{PE} \perp \overline{BC}$，$\overline{PF} \perp \overline{AC}$，若 $\overline{AB} = a$，試證：$\overline{PD} + \overline{PE} + \overline{PF} = \dfrac{\sqrt{3}}{2}a$；(2)$\Delta ABC$ 的周長等於 s，其內切圓半徑等於 r，請證明：ΔABC 面積 $= \dfrac{1}{2}sr$。

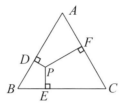

證明

(1) 連 $\overline{PA}$、$\overline{PB}$、$\overline{PC}$。

由 ($\Delta APB + \Delta APC + \Delta BPC$) 的面積 $= \Delta ABC$ 面積

$$\Rightarrow \frac{1}{2}\overline{AB} \times \overline{PD} + \frac{1}{2}\overline{BC} \times \overline{PE} + \frac{1}{2}\overline{AC} \times \overline{PF} = \frac{\sqrt{3}}{4}a^2$$

$$\Rightarrow \frac{1}{2}(\overline{PD} + \overline{PE} + \overline{PF}) \times a = \frac{\sqrt{3}}{4}a^2$$

故得證：$\overline{PD} + \overline{PE} + \overline{PF} = \dfrac{\sqrt{3}}{2}a$。

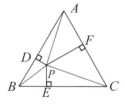

(2) 設 O 為 ΔABC 的內心

作 $\overline{OD} \perp \overline{AB}$，$\overline{OE} \perp \overline{BC}$，$\overline{OF} \perp \overline{AC}$

令垂足依序為 D、E、F，所以 $\overline{OD} = \overline{OE} = \overline{OF} = r$

連接 $\overline{OA}$、$\overline{OB}$、$\overline{OC}$

ΔABC 面積 $= (\Delta AOB + \Delta BOC + \Delta AOC)$ 的面積

$$= \frac{1}{2}\overline{AB} \cdot r + \frac{1}{2}\overline{BC} \cdot r + \frac{1}{2}\overline{AC} \cdot r = \frac{1}{2}r(\overline{AB} + \overline{BC} + \overline{AC}) = \frac{1}{2}sr。$$

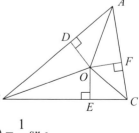

說明

　　教學時，這兩個幾何道理也可以如下「面積轉換」的圖示來解說，可增進學生的理解與印象，並訓練學生靈活的解題思維。

(1) 之 ①

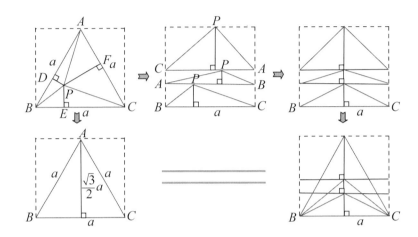

(1) 之 ②

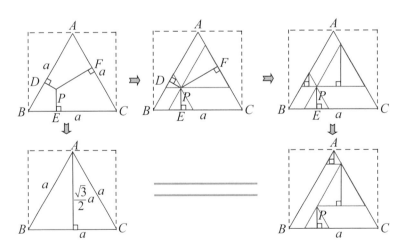

(2)

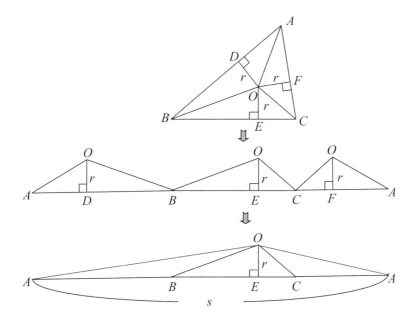

示例

> (1) 如果 a、b 為兩個正數，且 $a + b = 100$，求 ab 的最大可能值為何？
> (2) 某個旅行社招攬兩天一夜的旅行團，預定人數 30 人，每人收費 5000 元，當人數達到 30 人之後，每增加 1 人，則每人減收 100 元，請問應增加多少個人，旅行社可以收到最多的錢？而最多共可收到多少錢呢？

解答

(1) $ab = a(100 - a) = -a^2 + 100a = -(a - 50)^2 + 2500 \leq 2500$

所以 $a = 50$ 當時（即 $a = b = 50$ 時），ab 的最大值為 2500。

(2) 設增加 x 個人，全部的收入為 y 元

$\therefore y = (30 + x)(5000 - 100x)$

$= -100x^2 + 5000x - 3000x + 150000 = -100x^2 + 2000x + 150000$

$$= -100(x^2 - 20x + 10^2) + 150000 + 10000$$

$$= -100(x - 10)^2 + 160000 \le 160000$$

當 $x = 10$ 時，y 有最大值 160000，也就是說增加 10 人時，旅行社可以收到最多錢 160000 元。

説明

　　為什麼要將這兩題放在一起當材料呢？主要是要訓練學生融會貫通、學以致用的能力，也讓學生了解數學道理環環相扣的美好關係。

　　第 (1) 題也可以用「平方差公式」的觀點解題，並從兩種解法中學習到「若兩正數和為定數，取兩數相等時，所得乘積為最大。」

令 $a = 50 + k$，$b = 50 - k$（$0 \le k < 50$）

$\therefore ab = (50 + k)(50 - k) = 50^2 - k^2 \le 50^2 = 2500$

當 $k = 0$ 時，得 ab 的最大值為 2500。

　　而第 (2) 題也可以運用第 (1) 題得出的結論進行解題。

　　假定 1 新元 = 100 元（將「新元」視為另一種幣值），先請學生將問題情境更改成：「某個旅行社招攬兩天一夜的旅行團，預定人數 30 人，每人收費 50 新元，當人數達到 30 人之後，每增加 1 人，則每人減收 1 新元，請問應增加多少個人，旅行社可以收到最多的錢？最多共可收到多少錢呢？」等學生更改完畢後，請學生觀察問題情境與第 (1) 題的關係。

　　教師結合如下的表格表徵方式，説明在新情境中，人數 30 人時，每人收費 50 新元；人數 31 人時，每人收費 49 新元；人數 32 人時，每人收費 48 新元；……，由 $30 + 50 = 80$、$31 + 49 = 80$、$32 + 48 = 80$……，依序推得「和」恆為定值，所以人數取 40 人（即增加 10 人），每人收費 40 新元（即 4000 元）時，可收得最多錢 160000 元。

人數	每人收費（新元）	收到的錢（新元）	收到的錢（元）
30	50	1500	150000
31	49	1519	151900
...	...	...	...

人數	每人收費（新元）	收到的錢（新元）	收到的錢（元）
39	41	1599	159900
40	40	1600	160000
41	39	1599	159900
42	38	1596	159600
...	...	...	...

示例

(1) 請計算 627 + 348 + 273 + 552 的值為何？(2) 請計算 376 × 25 的值為何？(3) 請計算 376 ÷ 25 的值為何？(4) 請計算 15 × 2266644 的值為何？

解答

(1) $627 + 348 + 273 + 552 = (627 + 273) + (348 + 552) = 900 + 900 = 1800$

(2) $376 × 25 = 376 × 100 ÷ 4 = 37600 ÷ 4 = 9400$

(3) $376 ÷ 25 = 376 × 4 ÷ 100 = 1504 ÷ 100 = 15.04$

有零真好

(4) $15 × 2266644 = 3 × 5 × 1133322 × 2 = 3 × 1133322 × 5 × 2$
$= 3 × 1133322 × 10 = 33999660$

有零真好

說明

以上四個問題的計算都牽涉到「巧搭」，第 (2) 題將「× 25」轉換成「× 100 ÷ 4」；第 (3) 題將「÷ 25」轉換成「× 4 ÷ 100」，這些解法都是在說明計算過程中，若使「末位產生 0」是可以幫助速算的，我將它稱為**「有零真好」**（有您真好）。此外由「2 × 5」可使得乘積的末位多一個 0，我稱它為**「良 (2) 母 (5) 雞（積）會生蛋 (0)」**（2 和 5 的乘積末尾會有 0，優良的母雞會生蛋）；有時會直接唸「二五雞會生蛋」。

示例

解方程式 $3 - \dfrac{1}{2}[\dfrac{1}{3}(2x-1)-5] = 2$。

解答

$3 - \dfrac{1}{2}[\dfrac{1}{3}(2x-1)-5] = 2 \Rightarrow \dfrac{1}{2}[\dfrac{1}{3}(2x-1)-5] = 1$

$\Rightarrow \dfrac{1}{3}(2x-1)-5 = 2 \Rightarrow \dfrac{1}{3}(2x-1) = 7 \Rightarrow 2x-1 = 21 \Rightarrow 2x = 22 \quad \therefore x = 11$。

說明

　　解一個方程式，即使解出結果，這結果也是一個方程式，而且它可以算是一個形式最簡單的方程式。解一個一般方程式的歷程，彷彿從「渾沌不明」到「真相大白」、從「蓬頭垢面」到「面目一新」、從「烏雲密布」到「晴空萬里」。雖然真相只有一個，但通往真相的路總是一條又一條的沒有定數。

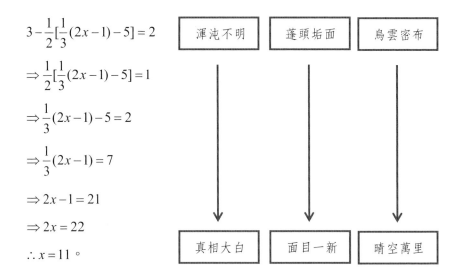

示例

(1) 如圖①，已知圓 O_1、圓 O_2、圓 O_3 分別是兩兩互相外切的三圓，且圓 O_1 的半徑為 2，圓 O_2 的半徑為 3，圓 O_3 的半徑為 1，請問 $\Delta O_1 O_2 O_3$ 的周長為何？(2) 如圖②，已知圓 O_1 分別與圓 O_2、圓 O_3 內切，圓 O_2 與圓 O_3 外切，若圓 O_1 的半徑為 15，請問 $\Delta O_1 O_2 O_3$ 的周長為何？

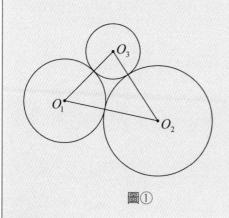

圖①

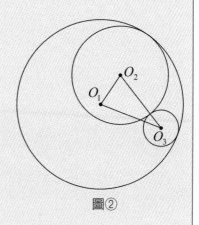

圖②

解答

(1) ∵ 圓 O_1 與圓 O_2 外切 ∴ $\overline{O_1 O_2} = 2 + 3 = 5$（公分）

∵ 圓 O_2 與圓 O_3 外切 ∴ $\overline{O_2 O_3} = 3 + 1 = 4$（公分）

∵ 圓 O_1 與圓 O_3 外切 ∴ $\overline{O_3 O_1} = 1 + 2 = 3$（公分）

⇒ $\overline{O_1 O_2} + \overline{O_2 O_3} + \overline{O_1 O_3} = 5 + 4 + 3 = 12$（公分）

$\Delta O_1 O_2 O_3$ 的周長為 12 公分。

(2) ∵ 設圓 O_1、圓 O_2、圓 O_3 的半徑分別為 r_1、r_2、r_3

∵ 圓 O_2 與圓 O_3 外切 ∴ $\overline{O_2 O_3} = r_2 + r_3$

∵ 圓 O_1 與圓 O_2 內切 ∴ $\overline{O_1 O_2} = r_1 - r_2$

∵ 圓 O_1 與圓 O_3 內切 ∴ $\overline{O_1 O_3} = r_1 - r_3$

⇒ $\overline{O_1 O_2} + \overline{O_2 O_3} + \overline{O_1 O_3} = (r_1 - r_2) + (r_2 + r_3) + (r_1 - r_3) = 2r_1 = 2 \times 15 = 30$

$\Delta O_1 O_2 O_3$ 的周長為 30。

說明

　　學生在學習「圓的性質」時，以上兩個問題經常被相提並論。我將第 (1) 題稱為「三分天下」，三個圓心形成的三角形周長會等於三個圓的直徑和；第 (2) 題稱為「一統天下」，三個圓心形成的三角形周長會等於大圓的直徑。

　　因為式子的推演畢竟相對枯燥，若能簡單給個色彩，作個圖形變化，整個學習氛圍會變得更活潑生動，且讓學生留下深刻印象。

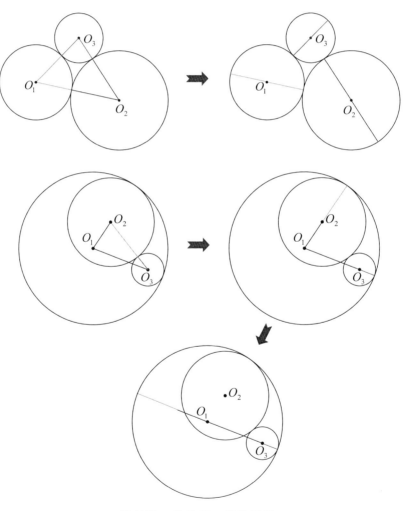

轉個彎，看見不一樣的風景

示例

解方程式 $x^2 + 6x - 9991 = 0$。

解答

$x^2 + 6x - 9991 = 0 \Rightarrow x^2 + 6x + 3^2 = 9991 + 9$

$\Rightarrow (x+3)^2 = 10000 \Rightarrow x = -3 \pm \sqrt{10000} = -3 \pm 100$

$\therefore x = 97$ 或 -103。

說明

利用「配方法」解一元二次方程式，在某些情況下，會比「因式分解法」或「公式法」來得務實有效。而許多老師在教學時，會以「造出一個較大正方形所需面積」作為考量點，引導學生透過切割、拼合、補塊，更具體呈現「配方法」的解題技巧（如下以配方法解 $x^2 + 5x - 2 = 0$ 的教學表徵）。

$x^2 + 5x - 2 = 0 \Rightarrow x^2 + 5x = 2 \cdots\cdots$（將常數項移至等號的一邊）

$x^2 + 5x + (\dfrac{5}{2})^2 = 2 + (\dfrac{5}{2})^2 \cdots\cdots$（等號兩邊同時加上$(\dfrac{\lfloor x\text{項的係數} \rfloor}{2})^2$）

$(x + \dfrac{5}{2})^2 = \dfrac{33}{4}$（等號一邊寫成完全平方式，另一邊算出總和）

$x + \dfrac{5}{2} = \pm \dfrac{\sqrt{33}}{2} \Rightarrow x = -\dfrac{5}{2} \pm \dfrac{\sqrt{33}}{2} = -\dfrac{5 \pm \sqrt{33}}{2} \cdots\cdots$（利用平方根概念求解）

圖解方式：

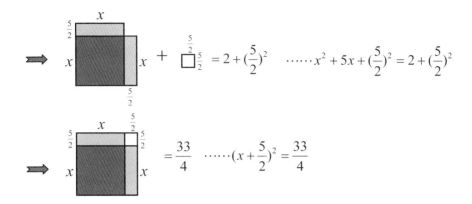

如果在解一元二次方程式，教師可先以一個益智挑戰題引起學生學習動機，這樣不只能將解題教學的過程分解成不疾不徐的幾部分，也可以分散學生一下子承受過大的思考負擔。

一個木匠有兩塊木板，其中一塊是正方形，一塊是長方形（如下圖），請問他要如何將它們切成最少塊數的矩形木板後，再補上一塊最小面積的木板，使得這些木板可以拼黏成一塊較大的正方形木板？

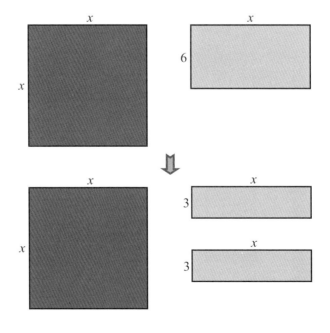

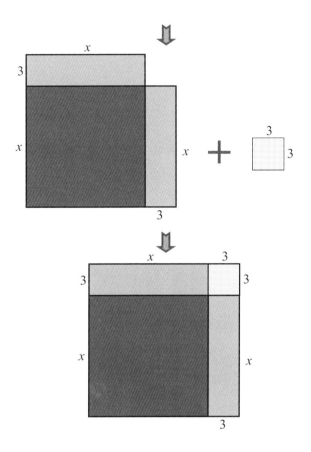

以上是很容易理解的基本拼圖原理。或許有人會想，萬一有學生問：
「難道沒有不需要加木板，也可將原材料切拼成正方形的方法嗎？」答案是
有的，在此僅提供一種國中生比較容易理解的切拼方法（如下圖示）。

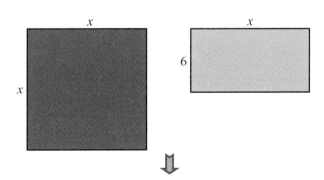

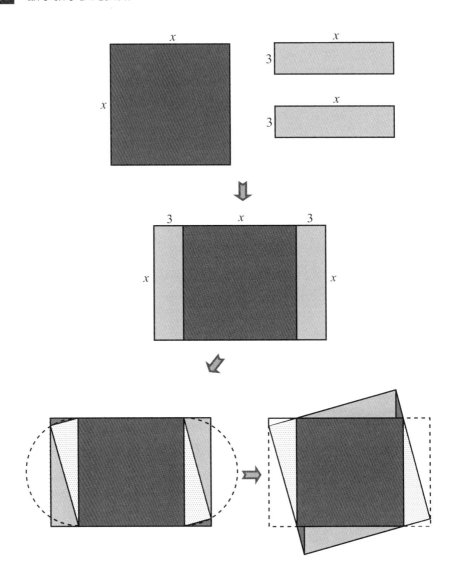

主題六　小徑也能通向寬廣

示例

　　小寶今年 12 歲，大寶對小寶說，等你到我這個年齡時，我已經 36 歲了，請問大寶今年幾歲？

解答

設大寶比小寶多 x 歲

$12 + x = 36 - x$（或 $2x = 36 - 12$）

$\Rightarrow 2x = 24 \Rightarrow x = 12$

$12 + 12 = 24$，所以大寶今年 24 歲。

說明

　　請大家看這一道常見的年齡問題，各位覺得要不要給個圖示？以上是我曾經在參考書籍上看過的附圖，我認為作者試圖給個圖示，希望幫助學生更清楚兩人年齡間的關係，至少用意是良善的。但妥適嗎？我認為看懂題意或解答的，不用看這個圖應該就懂了；看不懂的，即使看了這個圖恐怕還是很難懂，說不定還更不懂。

　　不同時空的人事，不宜放在同一層，這樣會讓學生更加混淆。如果改成以下的方式就比較好，將表示歲數的數線完全獨立出來，而且不同時空的事件，最好適度分層隔開。

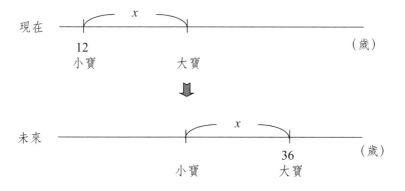

或者簡化如下：

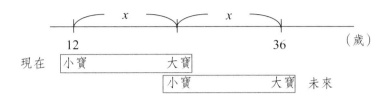

如果是使用電腦簡報教學，我認為還可以把人物和對話呈現出來。

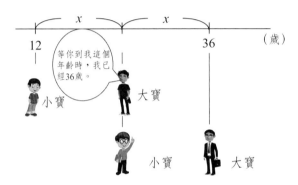

所以如果是面臨以下的類題時，就可以如上的圖像方式表徵，以增進學習成效。

示例

> 小香對阿桃說：「當我的歲數是你現在的歲數時，你才 4 歲。」阿桃對小香說：「當我的歲數是你現在歲數時，你將 61 歲。」請問阿桃現在幾歲？

解答

設小香與阿桃相差 x 歲

$4 + x + x + x = 61 \Rightarrow 3x = 57 \Rightarrow x = 19$

所以阿桃現在 $4 + 19 = 23$ 歲。

解答

設小香現在 x 歲，阿桃現在 y 歲

$$\begin{cases} x-y = y-4 \\ 61-x = x-y \end{cases} \Rightarrow \begin{cases} x = 2y-4 \\ 2x-y = 61 \end{cases}$$

$$\therefore 2(2y-4)-y = 61 \Rightarrow 3y = 69 \Rightarrow y = 23$$

故阿桃現在 23 歲。

說明

　　這是類似前一題的年齡問題，只是它提到了過去、現在和未來。我在參考書籍中看過以上的圖示，我認為這圖的實質意義不大，而且比較像裝飾用的，清楚的學生，不看圖已然清楚；不清楚的學生，看了圖還是不清楚，它沒有多少學習的輔助作用。

　　可以考慮使用如下的圖像表徵方式：

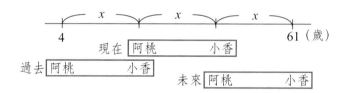

　　如果要假設兩個代表數，再列方程式解題，教學時可用表格表徵方式先呈現現在與過去的年齡關係，再呈現現在與未來的年齡關係，應更為妥適。

	過去	現在	未來
小香		x	
阿桃		y	

	過去	現在	未來
小香	y	x	
阿桃	4	y	

	過去	現在	未來
小香	y	x	61
阿桃	4	y	x

示例

　　一個箱子裝滿水時總重量為 76 公斤，裝了半箱子的水時總重量為 40 公斤，請問空箱子淨重是多少公斤？

解答

半箱子水重 = 76 − 40 = 36（公斤），40 − 36 = 4

所以空箱子淨重 4 公斤。

解答

40 × 2 − 76 = 4

所以空箱子淨重 4 公斤。

解答

半箱子水重 = 76 − 40 = 36（公斤），76 − 36 × 2 = 4

所以空箱子淨重 4 公斤。

解答

半個空箱子淨重 = 40 − 76 ÷ 2 = 2（公斤），2 × 2 = 4

所以空箱子淨重 4 公斤。

說明

　　若能畫個簡單的圖示，再進行解題教學，相信可以增進更多學生融會貫通。

第一種解法的圖示：

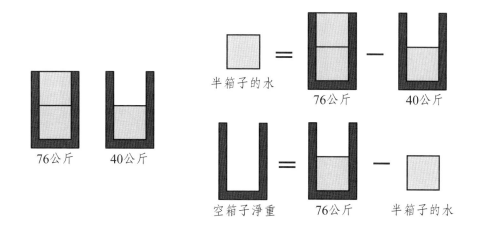

第二種解法的圖示：

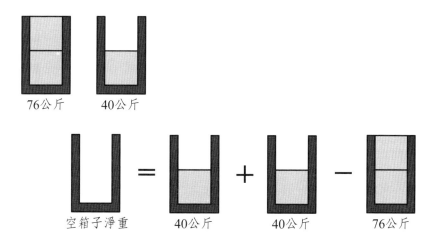

第三種解法的圖示：

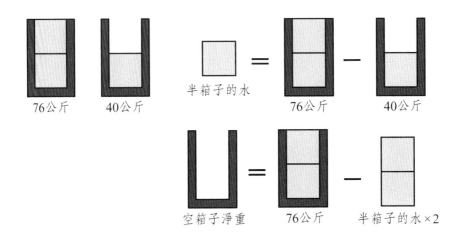

第四種解法的圖示：（一旦進入了圖像表徵，也彷彿帶領學生進行圖形思考，此時不只水可以變成一半，連箱子也可以拆成兩半。「多元表徵」不只可以強化理解，還可以啟發創造性思考。）

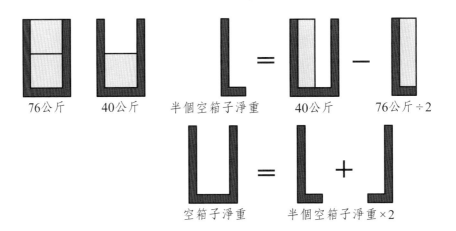

示例

若 x 與 y 成反比，且當 $x=2$ 時，$y=6$，請問當 $x=8$ 時，y 值為何？

解答

x 與 y 成反比 $\Rightarrow xy = k$（k 是不為零的定數）

$\because$ 當 $x = 2$ 時，$y = 6$　$\therefore k = 2 \times 6 = 12$

當 $x = 8$ 時，則 $8 \times y = 12$，故 $y = 1.5$。

說明

　　在時機適當下，多畫一個表格，一邊寫算式，一邊配合表格解說，學生更懂得反比的意義。

x	⋯	⋯	2	8	⋯	⋯
y	⋯	⋯	6		⋯	⋯
xy						

⬇

x	⋯	⋯	2	8	⋯	⋯
y	⋯	⋯	6		⋯	⋯
xy			12			

⬇

x	⋯	⋯	2	8	⋯	⋯
y	⋯	⋯	6		⋯	⋯
xy	12	12	12	12	12	12

x 與 y 成反比，所以 $x \times y$ 總是定值。

⬇

x	⋯	⋯	2	8	⋯	⋯
y	⋯	⋯	6	1.5	⋯	⋯
xy	12	12	12	12	12	12

此外，數學上對於「正比」的常用說法是：已知 x、y 為兩數值，若 x 值改變時，y 值也隨著改變，而且 y 值始終保持是 x 值的某一固定倍數，則稱 y 與 x 成正比；而對於「反比」的常用說法是：已知 x、y 為兩數值，若 x 值改變時，y 值也隨著改變，而且始終保持 x 與 y 的乘積為某一固定值，則稱 y 與 x 成反比。

但其實還可以再用另一種方式「穿插」進行說明：x、y 成正比的意思就是當 x 變為原來的「多少」倍時，y 值也會跟著變為原來的「多少」倍，例如：x 變為原來的 2 倍時，y 也會跟著變為原來的 2 倍；x 變為原來的 -6 倍時，y 也會跟著變為原來的 -6 倍。而 x、y 成反比的意思就是當 x 變為原來的「多少」倍時，y 也會跟著變為原來的「多少的倒數」倍，例如：x 變為原來的 2 倍時，y 也會跟著變為原來的 $\frac{1}{2}$ 倍；x 變為原來的 -5 倍時，y 也會跟著變為原來的 $-\frac{1}{5}$ 倍。

對一些中學生來說，太多代表數只會帶來更大的恐懼感，教師有時用「多少」取代「a」，或許能舒緩一下學習的壓迫感。

示例

若有一種寶石的價錢與其重量的平方成正比，小晴恰有一塊重 12 克且價值 36000 元的這種寶石，但某日不慎將它摔裂成重量 $1:2$ 的兩塊，請問小晴損失了多少元？

解答

寶石摔裂成重量 $1:2$ 的兩塊

所以兩塊的重量分別為 $12 \times \dfrac{1}{1+2} = 4$（克），$12 \times \dfrac{2}{1+2} = 8$（克）

因為寶石的價值與其重量的平方成正比，所以 $36000 = k \times 12^2 \Rightarrow k = 250$

4 克的寶石價值 $250 \times 4^2 = 4000$（元）

8 克的寶石價值 $250 \times 8^2 = 16000$（元）

$4000 + 16000 = 20000$，$36000 - 20000 = 16000$

所以小晴損失 16000 元。

說明

在時機適當下，多畫一個表格，一邊寫算式，一邊配合表格解說，學生更懂得正比的意義。

價錢	36000		
重量	12	4	8
重量^2	12^2	4^2	8^2
$\dfrac{價錢}{重量^2}$	$\dfrac{36000}{12^2}=250$		

價錢	36000		
重量	12	4	8
重量^2	12^2	4^2	8^2
$\dfrac{價錢}{重量^2}$	$\dfrac{36000}{12^2}=250$	250	250

價錢與重量^{2}成正比，所以$\dfrac{價錢}{重量^2}$總是定值。

價錢	36000	250×4^2	250×8^2
重量	12	4	8
重量^2	12^2	4^2	8^2
$\dfrac{價錢}{重量^2}$	$\dfrac{36000}{12^2}=250$	250	250

示例

有一個梯形下底比上底多 2 公分，高比下底多 2 公分，且面積等於 88 平方公分，請問此梯形的上底、下底、高分別為多少公分？

解答

設上底為 x 公分、下底為 $(x+2)$ 公分、高為 $(x+4)$ 公分

因為面積等於 88 平方公分，所以 $\frac{1}{2}[x+(x+2)](x+4)=88$

$\Rightarrow \frac{1}{2}(2x+2)(x+4)=88 \Rightarrow (x+1)(x+4)=88$

$\Rightarrow x^2+5x-84=0 \Rightarrow (x+12)(x-7)=0$

$\therefore x=-12$（不合）或 $x=7 \Rightarrow x+2=9$，$x+4=11$

所以上底為 7 公分，下底為 9 公分，高為 11 公分。

說明

　　教師為了提高學生的專注度，有時必須讓黑板上的書寫方式呈現細膩度與吸引力，像這道問題並未附圖，如果教師在寫假設時，也能同時畫出大致的圖形並標示長度，而且在假設與下結論處，用另一種顏色的粉筆書寫，應該會讓學生感受到教師的用心良苦。

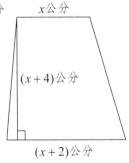

設上底為 x 公分、下底為 $(x+2)$ 公分、高為 $(x+4)$ 公分
因為面積等於 88 平方公分，

所以 $\frac{1}{2}[x+(x+2)](x+4)=88$

$\Rightarrow \frac{1}{2}(2x+2)(x+4)=88 \Rightarrow (x+1)(x+4)=88$

$\Rightarrow x^2+5x-84=0 \Rightarrow (x+12)(x-7)=0$

$\therefore x=-12$（不合）或 $x=7 \Rightarrow x+2=9$，$x+4=11$

所以上底為 7 公分，下底為 9 公分，高為 11 公分。

　　教師講解完畢，如果為了檢驗學生上課的學習態度或成果，可以用「復原現場」或「修復傷口」的手法，以板擦將部分內容先擦去，再畫上矩形框，然後抽籤請同學出來將被破壞的地方進行修復。

設上底為 x 公分、下底為 ⬚ 公分、高為 ⬚ 公分

因為面積等於 88 平方公分，所以 ⬚

$\Rightarrow \dfrac{1}{2}(2x+2)(x+4)=88 \Rightarrow$ 　　　　　

$\Rightarrow x^2+5x-84=0 \Rightarrow$ 　　　　　

$\therefore x=-12$（不合）或 $x=7 \Rightarrow x+2=9$，$x+4=11$

所以上底為 ☐ 公分，下底為 ☐ 公分，

高為 ☐ 公分。

x公分

☐ 公分

☐ 公分

示例

> 求$(11x+6+x^3+6x^2)(x^2+9x+20)$展開後 x^3 項與 x^2 項係數為何？

解答

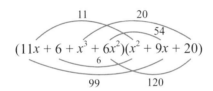

$11+54+20=85$，$6+99+120=225$

所以 x^3 的係數為 85，x^2 的係數為 225。

說明

　　解法中利用「連連看」的方式，將可以乘出 x^3 項與 x^2 項的係數一一找出，並標示出結果，是設想周到的處理方式。但從教學的角度，如果可以將前面的多項式按降冪方式寫出，再以「大小配」、「中中配」、「小大配」層層標示，感覺更有條不紊，層次分明了。

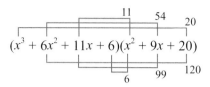

$$(x^3 + 6x^2 + 11x + 6)(x^2 + 9x + 20)$$

示例

請比較$\dfrac{2}{9}$、$\dfrac{3}{16}$、$\dfrac{4}{19}$的大小關係為何？

解答

$$\dfrac{2}{9} = \dfrac{12}{54} \, , \, \dfrac{3}{16} = \dfrac{12}{64} \, , \, \dfrac{4}{19} = \dfrac{12}{57}$$

$$\because \dfrac{12}{54} > \dfrac{12}{57} > \dfrac{12}{64} \quad \therefore \dfrac{2}{9} > \dfrac{4}{19} > \dfrac{3}{16} \, 。$$

說明

教師可以用如下「異中求同」的形式表徵，讓人很快看到解題策略的中心思想，擺脫如以上教條式的解題節奏：先$\dfrac{2}{9} = \dfrac{12}{54}$，接著$\dfrac{3}{16} = \dfrac{12}{64}$，然後$\dfrac{4}{19} = \dfrac{12}{57}$。

$$\dfrac{2}{9} \qquad\qquad \dfrac{2}{9} = \dfrac{12}{} \qquad\qquad \dfrac{2}{9} = \dfrac{12}{54}$$

$$\dfrac{3}{16} \quad\Longrightarrow\quad \dfrac{3}{16} = \dfrac{12}{} \quad\Longrightarrow\quad \dfrac{3}{16} = \dfrac{12}{64}$$

$$\dfrac{4}{19} \qquad\qquad \dfrac{4}{19} = \dfrac{12}{} \qquad\qquad \dfrac{4}{19} = \dfrac{12}{57}$$

示例

請化簡 $\dfrac{1}{-2}+\dfrac{1}{(-2)^2}-\dfrac{1}{(-2)^3}-\dfrac{1}{(-2)^4}$ 之值為何？

解答

$$\dfrac{1}{-2}+\dfrac{1}{(-2)^2}-\dfrac{1}{(-2)^3}-\dfrac{1}{(-2)^4}=\dfrac{(-2)^3}{(-2)^4}+\dfrac{(-2)^2}{(-2)^4}-\dfrac{-2}{(-2)^4}-\dfrac{1}{(-2)^4}$$

$$=\dfrac{-8}{16}+\dfrac{4}{16}-\dfrac{-2}{16}-\dfrac{1}{16}=\dfrac{-8+4+2-1}{16}=\dfrac{-3}{16}。$$

說明

　　教師可以用如下「異中求同」的形式表徵，讓人很快看到解題策略的中心思想，相信「定」後很快能「慮」，「慮」後離「得」就不遠了。

$$\dfrac{1}{-2}+\dfrac{1}{(-2)^2}-\dfrac{1}{(-2)^3}-\dfrac{1}{(-2)^4}$$

$$=\dfrac{}{(-2)^4}+\dfrac{}{(-2)^4}-\dfrac{}{(-2)^4}-\dfrac{}{(-2)^4}$$

⬇

$$=\dfrac{(-2)^3}{(-2)^4}+\dfrac{(-2)^2}{(-2)^4}-\dfrac{-2}{(-2)^4}-\dfrac{1}{(-2)^4}$$

$$=\dfrac{-8}{16}+\dfrac{4}{16}-\dfrac{-2}{16}-\dfrac{1}{16}=\dfrac{-8+4+2-1}{16}=\dfrac{-3}{16}。$$

分子手牽手一起投入分母的懷抱

示例

　　請將 12 的所有正因數由小到大排列出來。

解答

12 = 1 × 12 = 2 × 6 = 3 × 4

所以 12 的所有正因數共有 1、2、3、4、6、12。

解答

1、2、3、4、~~5~~、6、~~7、8、9、10、11~~、12

所以 12 的所有正因數共有 1、2、3、4、6、12。

說明

加個線條更有美感（畫完線條，再寫出所有正因數）

$$12 = 1 \times 12 = 2 \times 6 = 3 \times 4$$

以縱向呈現再加線條又有另一番美感，且更容易感受其大小變化，也可用鐘面刪去。

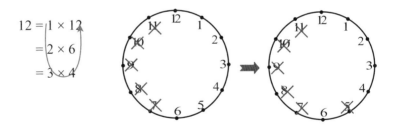

所以 12 的所有正因數共有 1、2、3、4、6、12。

示例

如圖，$\angle DBC = \angle ACB$，$\angle A = \angle D$，請問 $\triangle ABC$ 和 $\triangle DBC$ 是否全等？為什麼？

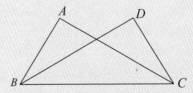

解答

在 $\triangle ABC$ 和 $\triangle DBC$ 中

$\because$ $\angle A = \angle D$，$\angle 2 = \angle 1$，且 $\overline{BC} = \overline{BC}$（公共邊）

$\therefore$ $\triangle ABC \cong \triangle DCB$（$AAS$）。

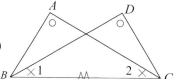

說明

　　證明兩個三角形全等時，相等度數的角可以用「○」、「✕」標示，可依據書寫需要給予數字「1」、「2」作為角的名稱，「公共邊」除了可以在線上或線旁以不同於圖形顏色的彩色粉筆再畫一次線條，也可用類似「M」的符號在線段上標示，而公共角可以用「◎」在角上標示。如此作記是為了將更多資訊呈現在圖形上，除了幾何關係之確認，也為進一步探討做好充分準備。

示例

　　如圖，$\angle 1 = \angle 2$，$\overline{AC} = \overline{BD}$，請問 $\triangle ABC$ 和 $\triangle DCB$ 是否全等？為什麼？

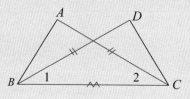

解答

在 $\triangle ABC$ 和 $\triangle DCB$ 中

$\because$ $\angle 2 = \angle 1$，$\overline{AC} = \overline{DB}$，且 $\overline{BC} = \overline{BC}$（公共邊）

$\therefore$ $\triangle ABC \cong \triangle DCB$（$SAS$）。

說明

　　證明兩個三角形全等時，等長的線段可以在線上或線旁以不同於圖形顏色的彩色粉筆再畫一次，並以「/」、「//」標示在線段上。

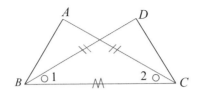

如圖，四邊形 $ABCD$ 與 $AEFG$ 皆為正方形，請證明 $\triangle ABE$ 與 $\triangle ADG$ 全等。

證明

因為四邊形 $ABCD$ 與 $AEFG$ 皆為正方形

$\therefore \overline{AB} = \overline{AD}$，$\overline{AE} = \overline{AG}$，$\angle BAD = \angle GAE = 90°$

$\Rightarrow \angle BAE = \angle BAD + \angle DAE = \angle GAE + \angle DAE = \angle DAG$

在 $\triangle ABE$ 和 $\triangle ADG$ 中

$\because \overline{AB} = \overline{AD}$，$\overline{AE} = \overline{AG}$，$\angle BAE = \angle DAG$　$\therefore \triangle ABE \cong \triangle ADG\,(SAS)$　。

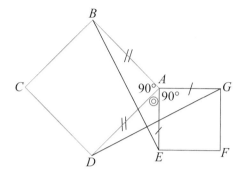

說明

　　以上解答過程中,兩個正方形用不同顏色標示邊長,並將需要用到的等長線段、兩個直角與公共角作出標記,圖示上應該算滿細膩的。如果擔心學生因為複雜的幾何圖形而比較「看不開」的話,教學時可將原圖分成幾部分予以對照呈現,應該多多少少能幫助幾何能力較弱勢的學生。

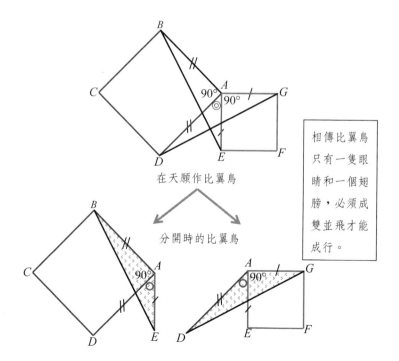

在天願作比翼鳥

分開時的比翼鳥

相傳比翼鳥只有一隻眼睛和一個翅膀,必須成雙並飛才能成行。

示例

　如圖，$\overline{AB} = \overline{CD}$，$\overline{AE} = \overline{DF}$，$\angle A = \angle D$，請證明 $\triangle ABF$ 與 $\triangle DCE$ 全等。

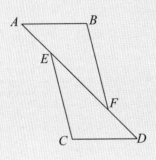

證明

$\because \overline{AE} = \overline{DF}$　$\therefore \overline{AE} + \overline{EF} = \overline{DF} + \overline{EF} \Rightarrow \overline{AF} = \overline{DE}$

又因為 $\overline{AB} = \overline{CD}$，$\angle A = \angle D$

$\therefore \triangle ABF \cong \triangle DCE \ (SAS)$ 。

說明

　　這是初學「三角形全等性質」的基礎題，教師可將原圖分解為兩部分，學生從中可以看到、學到教師的細膩與用心。

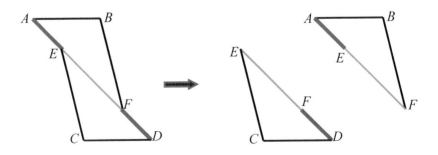

示例

　　如圖，$ABCD$ 為平行四邊形，E 為直線 CD 上一點，$\overline{BE}$ 分別交 $\overline{AD}$ 於 F，交 $\overline{AC}$ 於 G，已知 $\overline{FG} = 4$，$\overline{BG} = 6$，請證明：$\overline{GF} : \overline{BG} = \overline{BG} : \overline{GE}$，並求 $\overline{EF}$ 長為何？

解答

∵ ABCD 為平行四邊形 ∴ $\overline{AB} /\!/ \overline{CD}$，$\overline{AD} /\!/ \overline{BC}$

⇒ ∠BAG = ∠GCE，∠ABG = ∠E

∴ △ABG∼△CEG（AA 相似）

⇒ $\overline{AG} : \overline{GC} = \overline{BG} : \overline{GE}$ …… ①

又 $\overline{AF} /\!/ \overline{BC}$ ∴ ∠GAF = ∠GCB，∠AFG = ∠CBG

∴ △AGF∼△CGB（AA 相似）

⇒ $\overline{AG} : \overline{GC} = \overline{GF} : \overline{BG}$ …… ②

由①與②可證得 $\overline{GF} : \overline{BG} = \overline{BG} : \overline{GE}$

⇒ 4：6 = 6：$\overline{GE}$ ⇒ $\overline{GE} = 9$，故 $\overline{EF} = \overline{GE} - \overline{GF} = 9 - 4 = 5$。

說明

　　這一題對許多國中生來說，已經算難度比較高了。如果是碰到比較「看不開」的學生，或許可以塗上花樣予以區分，尤其 $\overline{AG}$ 與 $\overline{CG}$ 是兩組比例線段間的溝通橋梁，可用鮮艷的色彩強調，甚至將兩組相似三角形再分解出來。

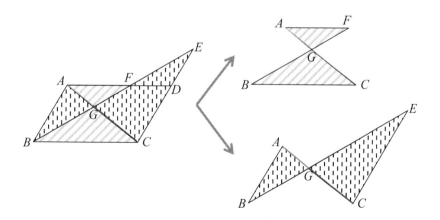

　　但如果學生還是非常非常「看不開」呢！那只好考慮將原圖畫兩次，再逐一推證與解說。

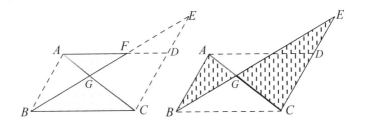

示例

如圖，$\triangle ABC$ 中，D 在 $\overline{AB}$ 上，E、F 在 $\overline{AC}$ 上，若 $\overline{DE} \parallel \overline{BC}$，$\overline{DF} \parallel \overline{BE}$，請證明：$\overline{AE}^2 = \overline{AF} \times \overline{AC}$。

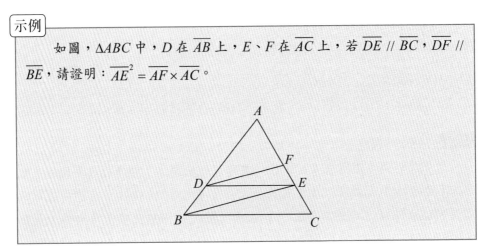

證明

$\because \overline{DF} \parallel \overline{BE}$　$\therefore \overline{AF} : \overline{AE} = \overline{AD} : \overline{AB}$ …… ①

$\because \overline{DE} \parallel \overline{BC}$　$\therefore \overline{AE} : \overline{AC} = \overline{AD} : \overline{AB}$ …… ②

由①與②可推得 $\overline{AF} : \overline{AE} = \overline{AE} : \overline{AC}$

故得證 $\overline{AE}^2 = \overline{AF} \times \overline{AC}$。

說明

　　這一題的解題要訣是經由平行關係，得出兩組圖形中的比例線段，雖然難度可能跟前一題差別不大，但由於重疊性比前一題的圖形還高，所以如果時間允許，仍然可以將圖形進行分解說明。

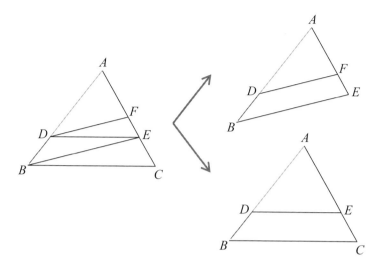

　　此外，與其將兩組圖形完全「拆開」，也不如將其中較小範圍的一組圖形，翻面至 $\overline{AB}$ 的另一側，讓兩組圖形看起來像「打開盒蓋」一樣。

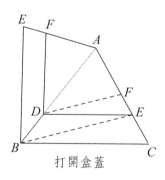

打開盒蓋

示例

(1) 解二元一次聯立方程式 $\begin{cases} x - 2y = 2 \cdots\cdots ① \\ 2x - 3y = 6 \cdots\cdots ② \end{cases}$

(2) 解二元一次聯立方程式 $\begin{cases} 2x - y = 4 \cdots\cdots ① \\ -x + 4y = 5 \cdots\cdots ② \end{cases}$

解答

(1) 由①可得 $x = 2 + 2y$ ……③

將③代入②可得 $2 \times (2 + 2y) - 3y = 6$

$\Rightarrow 4 + 4y - 3y = 6 \Rightarrow 4 + y = 6 \Rightarrow y = 6 - 4 \Rightarrow y = 2$ ……④

將④代入③可得 $x = 2 + 2 \times 2 = 2 + 4 = 6$

所以解為 $x = 6$，$y = 2$。

(2) 將② $\times 2 \Rightarrow -2x + 8y = 10$ ……③

①＋③可得 $7y = 14 \Rightarrow y = 2$

將 $y = 2$ 代入①得 $2x - 2 = 4 \Rightarrow 2x = 6 \Rightarrow x = 3$

所以解為 $x = 3$，$y = 2$。

說明

　　「代入消去法」與「加減消去法」是解二元一次聯立方程式最常使用的方法。「代入消去法」是先將其中一個代表數以另一個代表數表示，再透過「取代」方式，得出一個一元一次方程式，如此就可依序解出兩個未知數，而這種用「取代」而找出其中一個代表數的解題過程，我將它詮釋為「燃燒自己，照亮別人」，也就是「燃燒 x，照亮 y」或「燃燒 y，照亮 x」。

　　而「加減消去法」就是將兩個方程式，先透過「自我改造」讓它們之間產生 x 項或 y 項的係數是相等數或相反數的情形，再以相減或相加得出一個一元一次方程式，如此就可依序解出兩個未知數，而這種利用「加減抵消」而找出其中一個代表數的解題過程，我將它詮釋為「決一死戰」、「不是你死我活，就是我死你活」，也就是「x 先死」或「y 先亡」。

(1) 由①可得 $x = 2 + 2y$ ……③

將③代入②可得 $2 \times (2 + 2y) - 3y = 6$ 　燃燒 x

$\Rightarrow 4 + 4y - 3y = 6 \Rightarrow 4 + y = 6 \Rightarrow y = 6 - 4 \Rightarrow y = 2$ ……④ 　照亮 y

將④代入③可得 $x = 2 + 2 \times 2 = 2 + 4 = 6$

所以解為 $x = 6$，$y = 2$。 　決一死戰

(2) 將② $\times 2 \Rightarrow -2x + 8y = 10$ ……③

①＋③可得 $7y = 14 \Rightarrow y = 2$ 　x 死 y 活

將 $y = 2$ 代入① 得 $2x - 2 = 4 \Rightarrow 2x = 6 \Rightarrow x = 3$

所以解為 $x = 3$，$y = 2$。

示例

(1) 已知 $\overline{AB}$ 是圓形跑道的直徑（如下圖），甲、乙 2 人分在直徑兩端點。若 2 人同時出發並以相反方向在圓形跑道上等速跑步，且 2 人第一次相遇在 C 點，第二次相遇在 D 點，AC 弧長 100 公尺，BD 弧長 40 公尺，求圓形跑道的周長為何？(2) 甲、乙 2 人同時從一矩形游泳池的某水道兩端，用固定速度相向游泳，2 人第一次途中相遇處距離甲出發這端有 40 公尺。2 人繼續前進，且都到達另一端立即折返，而第二次相遇處距離乙出發一端 20 公尺，求水道長為何？

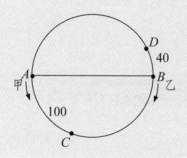

解答

(1) 由甲、乙 2 人第一次相遇在 C 點時，甲繞的 AC 弧長為 100 公尺

⇒ 甲、乙 2 人同時間合繞半個圓周長時，甲跑了 100 公尺

當甲、乙從第一次相遇至第二次相遇在 D 點時，因為 2 人同時間合繞一個圓周長，所以甲跑了 $100 \times 2 = 200$ 公尺，即 CD 弧長 200 公尺

⇒ BC 弧長為 $200 - 40 = 160$（公尺）

⇒ 半個圓周長 $= 100 + 160 = 260$（公尺）

$2 \times 260 = 520$，所以圓形跑道的周長為 520 公尺。

(2) 考慮 2 人「合」泳情形：第一次相遇 2 人「合」泳的距離等於水道長；

第二次相遇前兩人「合」泳的距離等於 3 倍水道長。所以甲第二次與
乙相遇時游的距離是第一次相遇的 3 倍，意即第二次 2 人相遇時甲游
$40 \times 3 = 120$（公尺）

$120 - 20 = 100$，所以水道長為 100 公尺。

說明

以上兩道問題，本質其實是一樣的，都可以用代數解決，但會麻煩許
多。它們牽涉到的觀念是很生活化的道理，就像將一條兩色線段均勻拉長為
2 倍，則兩種顏色的長度都會拉長為 2 倍，若是均勻拉長為 3 倍，則兩種顏
色的長度都會拉長為 3 倍。不過常見的問題情境未必是這樣單純，因為「看
不開」與「合不來」是學生思考的最大罩門，如何幫助學生「看得開」與「合
得來」，教師需要透過言語與圖像表徵的費心引導。

淺色與深色線段長均拉長為2倍

淺色與深色線段長均拉長為3倍

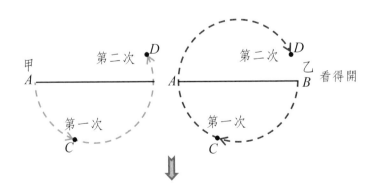

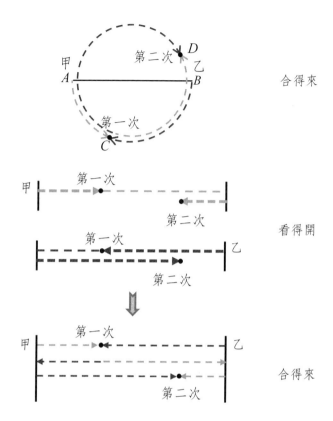

甲 合得來

看得開

甲 乙

合得來

示例

　　(1) 設 a、b 為正整數，且 $ab-a-b=2$，求 a、b 之值為何？(2) 設 x、y 為正整數，且 $\dfrac{1}{x}+\dfrac{1}{y}=\dfrac{1}{5}$，求 x、y 之值為何？

解答

(1) $ab-a-b=2 \Rightarrow ab-a-b+1=2+1 \Rightarrow (a-1)(b-1)=3$

$a-1$	1	3	-1	-3
$b-1$	3	1	-3	-1

a	2	4	0	-2
b	4	2	-2	0

$\therefore a = 2$，$b = 4$ 或 $a = 4$，$b = 2$。

(2) $\dfrac{1}{x} + \dfrac{1}{y} = \dfrac{1}{5}$ 的等號兩邊同乘以 $5xy$

$\Rightarrow 5x + 5y = xy \Rightarrow xy - 5x - 5y = 0$

$\Rightarrow xy - 5x - 5y + 25 = 25 \Rightarrow (x-5)(y-5) = 25$

$x-5$	25	1	5	−25	−1	−5
$y-5$	1	25	5	−1	−25	−5

x	30	6	10	−20	4	0
y	6	30	10	4	−20	0

$\therefore x = 30$，$y = 6$ 或 $x = 6$，$y = 30$ 或 $x = 10$，$y = 10$。

說明

這種型如「$axy + bx + cy = $ 常數」的式子，我還把它稱為「**騾式**」，原因為騾是由馬和驢交配生出來的。國中生解這種問題，幾乎都是利用因式分解法中的「分組提公因式」或「十字交乘法」，再以因數、倍數逐一討論其整數解。以下是「設 a、b 為正整數，且 $ab - a - b = 2$，求 a、b 之值」的部分解題表徵過程。

$(\quad)(\quad)$　布置動物園

$\Downarrow$

$(a\quad)(b\quad)$　有馬有驢才有騾

$\Downarrow$

$(a-1)(b-1)$　填入馬和驢的係數

$\Downarrow$

$(a-1)(b-1) = 2+1$　檢查常數項，並使等式成立

$\Downarrow$

$(a-1)(b-1) = 3$　討論馬和驢的正整數解

示例

(1) 如圖①，在長 20 公尺、寬 16 公尺的長方形土地上，開闢路寬皆為 x 公尺的等寬道路，其中斜線部分為四個完全一樣的長方形花圃。若花圃面積占全體面積的 $\frac{7}{16}$，請問道路的寬度為何？(2) 如圖②，有一正方形土地，每邊長 70 公尺，且土地內開闢了兩條等寬的交叉道路，其餘空地規劃作為花圃，若路與正方形邊界相交接的線段長皆為 x 公尺，花圃總面積為 3600 平方公尺，請問道路的寬度為何？

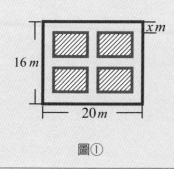

圖①

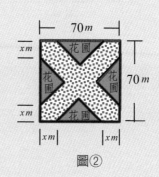

圖②

解答

(1) 花圃的面積 $= (16 - 3x)(20 - 3x) = \dfrac{7}{16} \times 20 \times 16$

$\Rightarrow 320 - 48x - 60x + 90x^2 = 140$

$\Rightarrow 9x^2 - 108x + 180 = 0 \Rightarrow x^2 - 12x + 20 = 0$

$\Rightarrow (x - 10)(x - 2) = 0$

$\therefore x = 10$（不合）或 $x = 2$，故道路的寬度為 2 公尺。

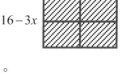

(2) $(70 - 2x)^2 = 3600 \Rightarrow 70 - 2x = \pm 60$

$\therefore x = 65$（不合）或 $x = 5$

$\sqrt{5^2 + 5^2} = \sqrt{50} = 5\sqrt{2}$，故路寬為 $5\sqrt{2}$ 公尺。

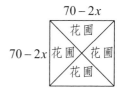

說明

以上這兩道問題，我在一些國中生參考書籍看到了把花圃併在一起的圖

示，我將這樣的解法稱為「讓我們靠在一起」。如果可以將原來的土地一起呈現，我認為應該會更好。

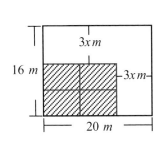 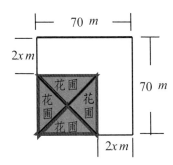

　　請畫出一個正方體的所有展開圖，使得任何一種展開圖都是由六個正方形組成。

解答

　　共有如下的 11 種展開圖：

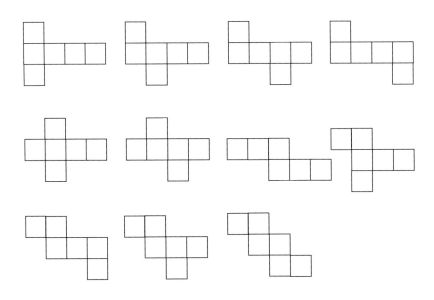

說明

正方體共有 11 種展開圖，教學時可以將正方體外殼視為一間教室的六個面，首先將地板與天花板塗上彩色，教室的內牆依四面相連、三面相連、兩面相連三種情況，與學生依序討論各種可能組合，之後再請學生在每面牆上接連寫上「我」、「愛」、「數」、「學」四個字，如此的教學安排，可以提高學生的學習動機，幫助他們了解各面在空間中的位置關係，並能留下更深刻的印象。

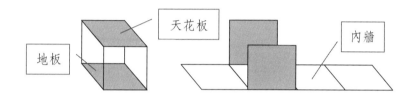

(1) 四面內牆相連。

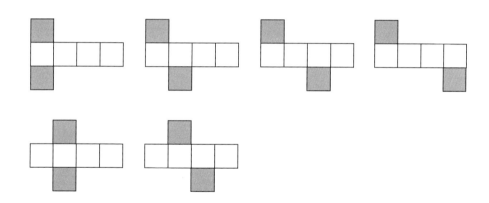

(2) 三面內牆相連（另一面牆必須靠天花板或地板，使其共同結合於展開圖上）。

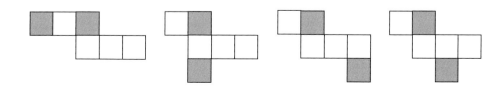

(3) 兩面牆相連（另兩面牆必須分別靠天花板、地板，使其共同結合於展開圖上）。

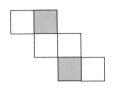

(4) 請學生在四面內牆寫上「我」、「愛」、「數」、「學」四個字。

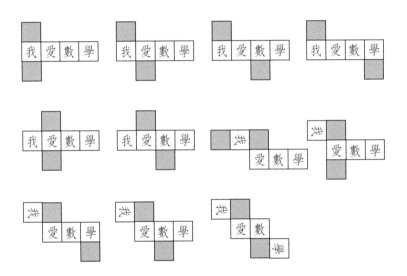

示例

　　請問 72 的正因數共有多少個？

解答

$72 = 2^3 \times 3^2$，$(3 + 1) \times (2 + 1) = 4 \times 3 = 12$，所以 72 的正因數共有 12 個。

說明

　　國中生上機率課時會學到組合學的「乘法原理」，如果跟學生講解到這類問題時，或許可以更明白地以路線圖詮釋「指數加一相乘」的實質內涵，

相信更能提升學生的數學素養。

(1) 2^3 的正因數有 $2^0 = 1$、2^1、2^2、2^3 共 4 個。

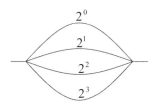

(2) 3^2 的正因數有 $3^0 = 1$、3^1、3^2 共 3 個。

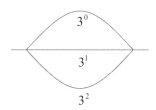

(3) $4 \times 3 = 12$，所以 72 的正因數共有 12 個。

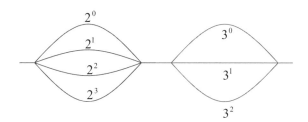

示例

　　有若干人、馬若干匹，預備旅行 40 公里，但馬少於人數，為求公平起見，只得輪流騎馬，每人騎 30 公里。若增加 4 人，而馬減少 3 匹，則每人可騎 20 公里，請問原有人數和馬數各多少？

解答

設原有 x 人，馬有 y 匹，依題意得 $\begin{cases} 30x = 40y \\ 20(x+4) = 40(y-3) \end{cases}$

由加減消去法解得 $x = 20$，$y = 15$，所以原有 20 人，馬 15 匹。

說明

	所有人坐在馬背上悠閒旅行的總公里數	所有馬背負旅人辛苦前行的總公里數
第一種情況	$30 \times x$	$40 \times y$
第二種情況	$20 \times (x+4)$	$40 \times (y-3)$

　　利用「所有馬走的總公里數 = 所有人坐在馬背上旅行的總公里數」的條件列方程式再求解。但與其以言語表徵，不如用簡單的表格說明，並把學生帶入虛擬情境的氛圍。

示例

　　A、B、C、D、E 共 5 個人結伴搭火車旅遊，但只買到 3 張坐票，2 張站票，在 2 個小時的旅程中，5 個人公平輪流坐 3 個座位（每個座位只能坐一人），請問平均每個人坐在位子上是多少分鐘？

解答

　　全部有得「坐的時間」為 $60 \times 2 \times 3 = 360$（分鐘）

　　$360 \div 5 = 72$，所以平均每個人坐在位子上是 72 分鐘。

說明

　　考慮 3 個座位在 2 個小時的旅程中，總共可提供多少「坐的時間」，再看共有多少人要均分全部「坐的時間」，即可求出平均每個人坐在位子上的時間。但相信會有學生即使了解題意，卻納悶到底要怎樣輪流坐，才能讓每個人坐的時間一樣多，還是每個人確定都可以坐一樣的時間嗎？因為旅程

是 120 分鐘,而每個人都坐 72 分鐘,120 與 72 的最大公因數為 24,所以只要每過 24(或是 24 的因數)分鐘再考慮換坐即可。以下表格配合文字的表徵,即是以最少的換座次數來操作。

	24 分鐘	24 分鐘	24 分鐘	24 分鐘	24 分鐘
座位 1	A	A			
座位 2	B	B			
座位 3	C	C			

A、B、C 三人各坐了 48 分鐘

	24 分鐘	24 分鐘	24 分鐘	24 分鐘	24 分鐘
座位 1	A	A	A		
座位 2	B	B	D		
座位 3	C	C	E		

如果 B 或 C 任一人再繼續坐,則 D、E 將有人坐不到 72 分鐘

	24 分鐘	24 分鐘	24 分鐘	24 分鐘	24 分鐘
座位 1	A	A	A	B	C
座位 2	B	B	D	D	D
座位 3	C	C	E	E	E

每人都坐了 72 分鐘,旅程中只有 B、C 兩人曾經由坐變站再變坐

示例

若 $4\frac{4}{15}$、$2\frac{6}{25}$ 兩個分數同時乘上一個正分數後，可使得這兩個分數均化成整數，請問所乘的最小正分數為何？

解答

$4\frac{4}{15}=\frac{64}{15}$，$2\frac{6}{25}=\frac{56}{25}$

因為 $\frac{64}{15}\times\frac{B}{A}$ 與 $\frac{56}{25}\times\frac{B}{A}$ 均為正整數，且 $\frac{B}{A}$ 為最小正分數

所以 $A=(64，56)=8$，$B=[15，25]=75$，故所乘的最小正分數為 $\frac{75}{8}$。

說明

　　以上是常見的「尋藥救人」問題，像是在尋找一種良藥，「整」救兩個病人。所以既有兩個「分數人」要救，也要考慮如何找到最小的「分數藥」以達成救人目的。教學時，為了減少造成學生思考混亂，我會將兩個分數分開列式並呈現解題目標，再針對所要乘的分數的分子、分母「分進合擊」說明。

　　當 $\frac{64}{15}\times\square=$ 正整數（1、2、3、……），且 $\frac{56}{25}\times\square=$ 正整數（1、2、3、……）時，則我們要找 $\square$ 的最小正分數值，應該考慮使得：

(1) $\square$ 的分子盡可能小，但當 $\square$ 乘以原任一個分數時，其分子都必須可將原分數的分母完全消去（即約分成 1），因此 $\square$ 的最小分子為 $[15，25]=75$。

$$\frac{64}{15}\times\frac{75}{\bullet}=\frac{64}{1}\times\frac{5}{\bullet}\ ;\ \frac{56}{25}\times\frac{75}{\bullet}=\frac{56}{1}\times\frac{3}{\bullet}\quad（下病上治）$$

(2) $\square$ 的分母盡可能大，但當 $\square$ 乘以原任一個分數時，其分母都必須可被原分數的分子完全消去（即約分成 1），因此 $\square$ 的最大分母為 $(64，56)=8$。

$$\frac{64}{15}\times\frac{\blacktriangle}{8}=\frac{8}{15}\times\frac{\blacktriangle}{1}\ ;\ \frac{56}{25}\times\frac{\blacktriangle}{8}=\frac{7}{25}\times\frac{\blacktriangle}{1}\quad（上病下治）$$

故所乘的最小正分數為 $\frac{75}{8}$。

示例

(1) 如圖①，$\triangle ABC$ 中，D 點與 E 點分別為 $\overline{AB}$、$\overline{AC}$ 中點，請證明：$\overline{DE} \mathbin{/\mkern-3mu/} \overline{BC}$，$\overline{DE} = \dfrac{1}{2} \times \overline{BC}$；(2) 如圖②，梯形 $ABCD$ 中，$\overline{AD} \mathbin{/\mkern-3mu/} \overline{BC}$，$\overline{EF}$ 為中線，請證明：$\overline{EF} \mathbin{/\mkern-3mu/} \overline{AD} \mathbin{/\mkern-3mu/} \overline{BC}$，且 $\overline{EF} = \dfrac{1}{2}(\overline{BC} + \overline{AD})$；(3) 如圖③，梯形 $ABCD$ 中，$\overline{AD} \mathbin{/\mkern-3mu/} \overline{BC}$，$\overline{AD} < \overline{BC}$，$H$、$G$ 分別為兩對角線 $\overline{AC}$、$\overline{BD}$ 的中點，請證明：$\overline{GH} \mathbin{/\mkern-3mu/} \overline{AD} \mathbin{/\mkern-3mu/} \overline{BC}$，且 $\overline{GH} = \dfrac{1}{2}(\overline{BC} - \overline{AD})$。

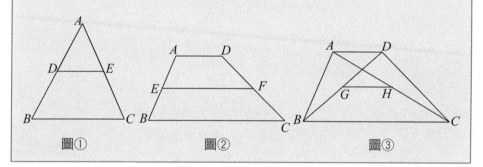

圖① 圖② 圖③

證明

(1) 延長 $\overleftrightarrow{DE}$，在 $\overleftrightarrow{DE}$ 取 F 點，使得 $\overline{DE} = \overline{EF}$，連 $\overline{CF}$

　∵ $\overline{DE} = \overline{EF}$，$\overline{AE} = \overline{EC}$，$\angle AED = \angle CEF$

　∴ $\triangle ADE \cong \triangle CFE\ (SAS) \Rightarrow \angle ADE = \angle CFE$，$\overline{AD} = \overline{CF}$

　由 $\angle ADE = \angle CFE$，可得 $\overline{AD} \mathbin{/\mkern-3mu/} \overline{CF} \Rightarrow \overline{BD} \mathbin{/\mkern-3mu/} \overline{CF}$

　又 $\overline{AD} = \overline{CF} \Rightarrow \overline{BD} = \overline{CF}$

　由 $\overline{BD} \mathbin{/\mkern-3mu/} \overline{CF}$，$\overline{BD} = \overline{CF} \Rightarrow BCFD$ 為平行四邊形

　$\Rightarrow \overline{DE} \mathbin{/\mkern-3mu/} \overline{BC}$，$\overline{DF} = \overline{DE} + \overline{EF} = 2 \times \overline{DE} = \overline{BC}$

　故得證：$\overline{DE} \mathbin{/\mkern-3mu/} \overline{BC}$，$\overline{DE} = \dfrac{1}{2} \times \overline{BC}$。

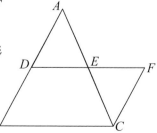

(2) 作直線 AF 交直線 BC 於 G 點

　∵ $\overline{AD} \mathbin{/\mkern-3mu/} \overline{CG}$　∴ $\angle 1 = \angle 2$，$\angle 3 = \angle 4$（內錯角相等）

　又 $\overline{DF} = \overline{CF}$　∴ $\triangle ADF \cong \triangle GCF$（$AAS$ 全等性質）

$$\therefore \overline{AF} = \overline{FG} \text{，} \overline{AD} = \overline{CG}$$

$$\because \overline{AF} = \overline{FG} \text{，} \overline{AE} = \overline{EB}$$

$$\therefore \overline{EF} // \overline{BG} \text{，且} \overline{EF} = \frac{1}{2}\overline{BG} = \frac{1}{2}(\overline{BC} + \overline{CG}) = \frac{1}{2}(\overline{BC} + \overline{AD})$$

故得證：$\overline{EF} // \overline{AD} // \overline{BC}$，且 $\overline{EF} = \frac{1}{2}(\overline{BC} + \overline{AD})$。

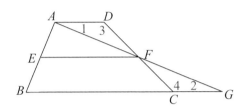

(3) 作直線 DH 交 $\overline{BC}$ 於 E 點

$\because \overline{AD} // \overline{CE} \quad \therefore \angle 1 = \angle 2$，$\angle ADH = \angle 3$（內錯角相等）

又 $\overline{AH} = \overline{HC} \quad \therefore \triangle ADH \cong \triangle CEH$（$AAS$ 全等性質）

$\therefore \overline{AD} = \overline{CE}$，$\overline{DH} = \overline{HE} \quad \because \overline{DH} = \overline{HE}$，$\overline{DG} = \overline{GB}$

$\therefore \overline{GH} // \overline{BE}$，

且 $\overline{GH} = \frac{1}{2}\overline{BE} = \frac{1}{2}(\overline{BC} - \overline{CE}) = \frac{1}{2}(\overline{BC} - \overline{AD})$

故得證：$\overline{GH} // \overline{AD} // \overline{BC}$，

且 $\overline{GH} = \frac{1}{2}(\overline{BC} - \overline{AD})$。

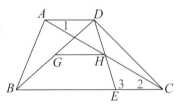

說明

　　以下就以慢動作的分解方式，呈現以上三個幾何問題在教學時，黑板上或教學簡報上的圖示與部分講解內容。

(1)

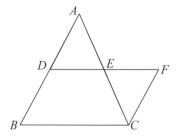

延長 $\overleftrightarrow{DE}$，在 $\overleftrightarrow{DE}$ 取 F 點，使得 $\overline{DE} = \overline{EF}$，連 $\overline{CF}$

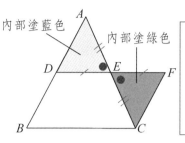

內部塗藍色　　內部塗綠色

請同學把注意力放在「藍天」和「綠地」兩個三角形上

$\because \overline{DE} = \overline{EF}$，$\overline{AE} = \overline{EC}$，$\angle AED = \angle CEF$

$\therefore \triangle ADE \cong \triangle CFE$（$SAS$）

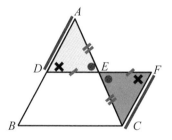

$\Rightarrow \angle ADE = \angle CFE$，$\overline{AD} = \overline{CF}$

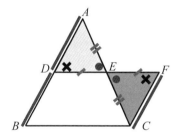

由 $\angle ADE = \angle CFE$，可得 $\overline{AD} \mathbin{/\!/} \overline{CF}$

$\Rightarrow \overline{BD} \mathbin{/\!/} \overline{CF}$，又 $\overline{AD} = \overline{CF} \Rightarrow \overline{BD} = \overline{CF}$

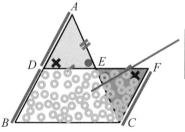

請同學把注意力放在這些撒滿「洋蔥圈」的四邊形上

由 $\overline{BD} \mathbin{/\!/} \overline{CF}$，$\overline{BD} = \overline{CF} \Rightarrow BCFD$ 為平行四邊形

$\Rightarrow \overline{DE} \mathbin{/\!/} \overline{BC}$，$\overline{DF} = \overline{DE} + \overline{EF} = 2 \times \overline{DE} = \overline{BC}$

故得證：$\overline{DE} \mathbin{/\!/} \overline{BC}$，$\overline{DE} = \dfrac{1}{2} \times \overline{BC}$。

(2)

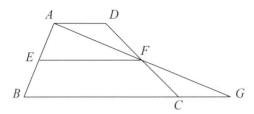

作直線 AF 交直線 BC 於 G 點

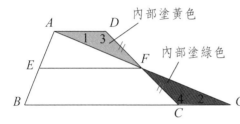

$\because \overline{AD} \parallel \overline{CG}$

$\therefore \angle 1 = \angle 2 \cdot \angle 3 = \angle 4$（內錯角相等）

又 $\overline{DF} = \overline{CF}$

$\therefore \triangle ADF \cong \triangle GCF$（AAS 全等性質）

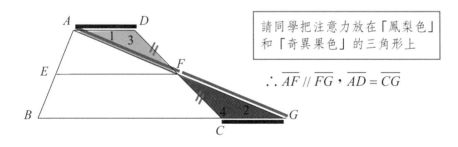

請同學把注意力放在「鳳梨色」和「奇異果色」的三角形上

$\therefore \overline{AF} \parallel \overline{FG} \cdot \overline{AD} = \overline{CG}$

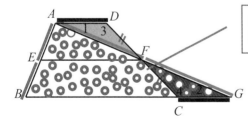

請同學把注意力放在這個充滿「珍珠粉圓」的三角形上

$\because \overline{AF} = \overline{FG} \cdot \overline{AE} = \overline{EB}$

$\therefore \overline{EF} \parallel \overline{BG} \cdot$ 且 $\overline{EF} = \dfrac{1}{2}\overline{BG} = \dfrac{1}{2}(\overline{BC} + \overline{CG}) = \dfrac{1}{2}(\overline{BC} + \overline{AD})$

故得證：$\overline{EF} \parallel \overline{AD} \parallel \overline{BC} \cdot$ 且 $\overline{EF} = \dfrac{1}{2}(\overline{BC} + \overline{AD})$。

(3)

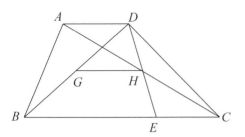

作直線 DH 交 $\overline{BC}$ 於 E 點

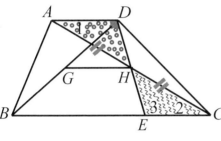

∵ $\overline{AD}$ // $\overline{CE}$ ∴ $\angle 1 = \angle 2$，

$\angle ADH = \angle 3$（內錯角相等）

又 $\overline{AH} = \overline{HC}$

∴ $\triangle ADH \cong \triangle CEH$（AAS 全等性質）

> 請同學把注意力放在「美得冒泡」
> 和「嚇得發毛」的兩個三角形上

∴ $\overline{AD}$ // $\overline{CE}$，$\overline{DH} = \overline{HE}$

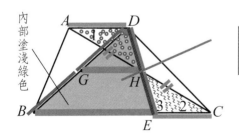

> 請同學把注意力放在這片「青山綠水」
> 的三角形上

∵ $\overline{DH} = \overline{HE}$，$\overline{DG} = \overline{GB}$

∴ $\overline{GH}$ // $\overline{BE}$，且 $\overline{GH} = \dfrac{1}{2}\overline{BE} = \dfrac{1}{2}(\overline{BC} - \overline{CE}) = \dfrac{1}{2}(\overline{BC} - \overline{AD})$

故得證：$\overline{GH}$ // $\overline{AD}$ // $\overline{BC}$，且 $GH = \dfrac{1}{2}(\overline{BC} - \overline{AD})$。

第三章

我不愛數學

老師說數學很美妙
偏偏我不愛它
老師說他出的模擬卷
有十人及格的話
提早退休養鴨
我不愛數學
希望老師趕快回家

因數、倍數、分數，使出渾身解數
三角形、四邊形、圓形，操到不成人形
正比、反比、連比，雞腿和豬腳比
消去法、配方法、公式法，哪會超越魔法

老師說數學很重要
偏偏我不愛它
老師說他盡心賣命教
我竟然考那麼差
太對不起媽媽
我不愛數學
希望自己趕快回家

小數、指數、級數，加深視力度數

乘法公式、關係式、比例式，不會一招半式

圓心角、圓周角、弦切角，心在天涯海角

科學記號、根號、不等號，做到發燒掛號

老師說數學很簡單

偏偏我不愛它

老師說我過得太輕鬆

錯的問題和解答

抄五遍來檢查

我不愛數學

希望校長趕快回家

內心、外心、重心，讓人泣血椎心

分角線、中垂線、拋物線，不如苗條曲線

全等圖、相似圖、統計圖，像惡靈附身圖

多項式、方程式、判別式，發呆等結業式

好想去鄉下找阿嬤

疾風鐵馬，飛鳥晚霞

海邊看一波波浪花

許建銘

原文刊載於 2016 年高市青年第 124 期

國家圖書館出版品預行編目資料

數學教學多元表徵：值得玩味再三的數學教材
教法／許建銘著. -- 初版. -- 臺北市：五
南圖書出版股份有限公司, 2021.10
　　面；　公分
ISBN 978-626-317-161-9 (平裝)

1.數學教育　2.中等教育

524.32　　　　　　　　　110014388

114K

數學教學多元表徵
值得玩味再三的數學教材教法

作　　　者 ― 許建銘（232.3）

發 行 人 ― 楊榮川

總 經 理 ― 楊士清

總 編 輯 ― 楊秀麗

副總編輯 ― 黃文瓊

責任編輯 ― 陳俐君、李敏華

封面設計 ― 姚孝慈

出 版 者 ― 五南圖書出版股份有限公司

地　　　址：106台北市大安區和平東路二段339號4樓

電　　　話：(02)2705-5066　　傳　真：(02)2706-6100

網　　　址：https://www.wunan.com.tw

電子郵件：wunan@wunan.com.tw

劃撥帳號：01068953

戶　　　名：五南圖書出版股份有限公司

法律顧問　林勝安律師事務所　林勝安律師

出版日期　2021年10月初版一刷

定　　　價　新臺幣320元

經典永恆・名著常在

五十週年的獻禮——經典名著文庫

五南，五十年了，半個世紀，人生旅程的一大半，走過來了。

思索著，邁向百年的未來歷程，能為知識界、文化學術界作些什麼？

在速食文化的生態下，有什麼值得讓人雋永品味的？

歷代經典・當今名著，經過時間的洗禮，千錘百鍊，流傳至今，光芒耀人；

不僅使我們能領悟前人的智慧，同時也增深加廣我們思考的深度與視野。

我們決心投入巨資，有計畫的系統梳選，成立「經典名著文庫」，

希望收入古今中外思想性的、充滿睿智與獨見的經典、名著。

這是一項理想性的、永續性的巨大出版工程。

不在意讀者的眾寡，只考慮它的學術價值，力求完整展現先哲思想的軌跡；

為知識界開啟一片智慧之窗，營造一座百花綻放的世界文明公園，

任君遨遊、取菁吸蜜、嘉惠學子！